MALTÊS

1ª Edição

Márcio Infante Vieira
Médico Veterinário

MALTÊS

Origem • Cuidados • Criação
Treinamento e Saúde

São Paulo – SP
Brasil
1º Edição

2010

PRATA
Editora

Dados Internacionais de Catalogação na Publicação (CIP)
(Câmara Brasileira do Livro, SP, Brasil)

Vieira, Márcio Infante
   Maltês : origem, cuidados, criação, treinamento, saúde / Márcio Infante Vieira. – 1. ed. – São Paulo : Prata Editora, 2010.

   1. Maltês (Cães) 2. Maltês (Cães) – Adestramento 3. Maltês (Cães) – Criação 4. Maltês (Cães) – Cuidados I. Título.

10-10733   CDD-636.76

Índices para catálogo sistemático:
1. Maltês : criação   636.76
2. Maltês : Zootecnia   636.76

Prata Editora e Distribuidora Ltda.
prataeditora@hotmail.com

Todos os direitos reservados ao autor, de acordo com a legislação em vigor. Proibida a reprodução total ou parcial desta obra, por qualquer meio de reprodução ou cópia, falada, escrita ou eletrônica, inclusive transformação em apostila, textos comerciais, publicação em websites etc., sem a autorização expressa e por escrito do autor. Os infratores estarão sujeitos às penalidades previstas na lei.

Impresso no Brasil/Printed in Brasil

Diagramação e capa: *Edinei Gonçalves*

Foto da capa: *Vision – macho – Grande campeão, Campeão Panamericano e Internacional – Canil Little Crystal – Prop. Diogo Salas Ortiz*

Fotos: *Canil Little Crystal – Wagner Pacheco*

O AUTOR

Márcio Infante Vieira é Médico Veterinário graduado pela Universidade Federal Fluminense. É o autor, na área de Pecuária e de animais de estimação, com o maior número de publicações no Brasil.

Foi fundador e 1º Presidente da Associação Fluminense de Cunicultura tendo, em sua vasta carreira, ocupado cargos como Conselheiro do Alto Conselho Agrícola do Estado de São Paulo, Assistente da Divisão de Medicina Veterinária do Instituto Vital Brazil, membro do Conselho de Agricultura do Estado do Rio de Janeiro, Fiscal da Carteira Agrícola do Banco do Brasil, coordenador técnico do Banco Central do Brasil e Presidente da Associação Brasileira de Criadores de Coelhos.

Com grande experiência em Zootecnia, atuou como consultor técnico para diversos criadores, cooperativas e associações de criadores. Especializou-se em pequenos animais para criação comercial, como coelhos, rãs, minhocas, escargots, abelhas etc. Tornou-se, também, um grande pesquisador na área de animais de estimação, especialmente sobre cães.

Vision – Macho – 2,5 anos – Grande campeão, Campeão Panamericano e Internacional – Canil Little Crystal – Prop. Diogo Salas Ortiz

Vision – Macho – 2,5 anos – Grande campeão, Campeão Panamericano e Internacional – Canil Little Crystal – Prop. Diogo Salas Ortiz

Sumário

Introdução 13

Capítulo 1: O Maltês e sua origem 15

Capítulo 2: Padrão oficial do Maltês 17

Capítulo 3: Características do Maltês 25
    3.1 Expectativa de vida 25
    3.2 Temperamento 25
    3.3 Cão amigo 28
    3.4 A convivência com seu dono e família 28
    3.5 O Maltês e as crianças 29
    3.6 Hábitos do Maltês 29

Capítulo 4: Doenças, prevenção, tratamento e vacinação 31
    4.1 Verminoses 31
    4.2 Algumas doenças e a vacinação 32
        4.2.1 Cinomose 33
        4.2.2 Hepatite 33
        4.2.3 Leptospirose 33
        4.2.4 Parvovirose 34
        4.2.5 Coronavirose 34
        4.2.6 Parainfluenza 34
        4.2.7 Raiva 35
    4.3 Cronograma de vacinação 35
        4.3.1 Tabela de vacinação 35

4.4 Principais problemas de saúde 36
    4.4.1 Subluxação de patela 36
    4.4.2 Atrofia progressiva da retina 37
    4.4.2.1 Sintomas da atrofia progressiva de retina 37
    4.4.3. Alergias 37
    4.4.3.1 Dermatites 37
    4.4.3.2 Alergia a alimentos 38

Capítulo 5: Primeiros socorros 39
    5.1 Fraturas 39
    5.2 Intoxicação por ingestão acidental 40
    5.3 Asfixia 41
    5.4 Feridas de mordidas 41
    5.5 Vômitos 42

Capítulo 6: Alimentação 43
    6.1 As rações balanceadas 44
    6.2 Como fornecer as rações 45
    6.3 Outros alimentos 46
    6.4 As fezes e o valor alimentício da ração 46
    6.5 Descoloração dos pelos 47
    6.6 Alteração na cor ou avermelhamento dos pelos 47

Capítulo 7: Pelagem do Maltês 49
    7.1 Maquiagem preta 49
    7.2 Pelagem dos filhotes 50
    7.3 Cuidados com a pelagem do Maltês 51
    7.4 Outros cuidados com a pelagem 51

Capítulo 8: Ensino e treinamento 53
    8.1 Ensino 55
    8.2 Treinamento 55
    8.3 Os cães não entendem as palavras 56
    8.4 Algumas regras 57
    8.5 A palavra "NÃO" 58
    8.6 Como tirar as "manhas" dos cães 59

8.7 Como evitar que o cão arranhe a porta para entrar 59
8.8 Não mexer nas coisas 60
8.9 As ordens "NÃO" e "PEGA" 60
8.10 "PEGA" e "LARGA" 62
8.11 Andar junto ao dono 62
8.12 Sentar 63
8.13 Deitar 64
8.14 Vir até onde está o dono 64
8.15 Parar de latir 65
8.16 Recusar comida achada ou oferecida por estranhos 65

Capítulo 9: Escolha e aquisição do filhote 69
9.1 Aquisição e garantias 73
9.2 Puro ou mestiço 73
9.3 Fêmea ou macho 74
    9.3.1 Fêmea 74
    9.3.2 Macho 76
9.4 Idade para aquisição 77
9.5 Resolvida a compra 77
9.6 Escolha do filhote 79
9.7 Surdez 82
9.8 Após a aquisição do filhote 83

Capítulo 10: Higiene, cuidados e tosa 85
10.1 Olhos e ouvidos – cuidados e limpeza 85
10.2 Como e onde fazer suas necessidades 85
10.3 Banheiro para os filhotes 86
10.4 Cuidados com a pelagem 87
10.5 Pelos e pelagens – tosas e penteados 87
10.6 Tosas 88
    10.6.1 Tosa higiênica 88
    10.6.2 Tosas para exposições 89
10.7 Escovação e penteado 89
    10.7.1 Os nós dos pelos 90
    10.7.2 Escovas 91

10.8 Pelos nos olhos 91
10.9 Banhos 91
    10.9.1 Secador elétrico 92
    10.9.2 Toalha 92
10.10 Muda 92
10.11 Unhas e seu trato 93
    10.11.1 Como cuidar das unhas dos filhotes 93
10.12 Dentes 94

Capítulo 11: Período de crescimento 97
11.1 Controle de peso 98
11.2 Mudança de dentes 98

Capítulo 12: Reprodução e criação do Maltês 101
12.1 Escolha dos machos ou padreadores 102
12.2 Seleção das fêmeas ou matrizes 103
12.3 Idade para a reprodução 104
12.4 Ciclo estral ou sexual da cadela 105
12.5 O cio 105
12.6 Preparando para o acasalamento 106
12.7 Ritual do acasalamento 107
12.8 O acasalamento 108
12.9 Cuidados após o acasalamento 111
12.10 Gestação, gravidez ou prenhez 111
12.11 Período de gestação 111
12.12 Sinais de fecundação e de gestação 112
12.13 Ultrassom 112
12.14 Gestações anormais nas cadelas 113
12.15 Exercícios 113
12.16 Alimentação na gestação 114
12.17 Falsa gestação 115
12.18 O leite e a falsa gestação 116
12.19 Aborto 116

Capítulo 13: Lactação e desmama 119
    13.1 O primeiro leite e o colostro 119
    13.2 Lactação 120
    13.3 Produção de leite 120
    13.4 Período de lactação 121
    13.5 As mamadas 122
    13.6 Cuidados durante o período de lactação 122
    13.7 Alimentação suplementar 123
    13.8 Desmama 123
    13.9 Alimentação artificial 124
    13.10 Leite no prato 125

*Sammy – fêmea – 2 anos – Grande Campeã e Campeã Panamericana
Canil Little Crystal – Prop. Diogo Salas Ortiz*

Kimmy – fêmea – 10 meses – Canil Little Crystal – Prop. Diogo Salas Ortiz

Introdução

O Maltês é um dos cães com maior aceitação nas grandes cidades do Brasil. É pequeno, muito dócil, simpático e perfeito para ser criado em lugares pequenos, como apartamentos.

Este livro é direcionado a todos que tenham um lindo maltês e queiram saber mais sobre seu amiguinho, especialmente como cuidar corretamente de sua aparência, saúde e como treinar sua obediência, para que possa conviver, sem problemas, com toda a família.

É, também, muito interessante conhecermos as origens desse cãozinho, para que possamos compreender melhor seu comportamento, sabendo lidar com cada situação que ocorra no dia a dia.

Quem escolhe um Maltês como companheiro pode ter certeza de estar conquistando um amigo fiel e carinhoso, capaz de ser um companheiro para todos os momentos.

O Autor

Vision – Macho – 2,5 anos – Grande campeão, Campeão Panamericano e Internacional – Canil Little Crystal – Prop. Diogo Salas Ortiz

Sammy – fêmea – 2 anos – Grande Campeã e Campeã Panamericana Canil Little Crystal – Prop. Diogo Salas Ortiz

Capítulo 1

O Maltês e sua origem

A raça maltesa é uma das mais antigas raças caninas, pois, segundo Charles Darwin, o grande cientista, suas origens datam de 6000 anos antes de Cristo. Ela, no entanto, pertencia a um conjunto de raças que, naquela mesma época, era denominado "bichon" e do qual faziam parte, além do maltês, o bolonhês, o havanês e o bichon de pelo crespo.

Mais tarde, já nos tempos dos romanos, o Maltês era o preferido das mulheres, na Roma Antiga sendo, por isso, conhecido como "o cão das damas romanas". Essa preferência se justificava porque o Maltês, já naquela época, era um excelente cão de companhia, por ser vivo, muito inteligente, amigo do seu dono, a quem era dedicado, sendo muito carinhoso com ele e procurando agradá-lo sempre. Além disso, e o que também é da máxima importância, era um cão lindo e muito elegante, com os seus longos pelos brancos, sedosos e brilhantes, e que chamava a atenção de todas as pessoas. Outra grande vantagem que apresenta é ser pequeno e leve.

Por sua grande beleza e todas as suas grandes qualidades, o Maltês tornou-se um dos melhores, mais belos e preferidos cães de companhia.

Mais tarde, no século I a.C., o literato e geógrafo Estrabon estuda um cão Maltês, o descreve e classifica como "*Canis melitoieus*" e o chama de "Melita", que é o nome, em latim, da ilha de Malta, terra da suposta origem dessa interessante raça. Plíno e Columela o denominavam *Canis melitensis*. Quanto ao Maltês atual, segundo uma corrente de opinião, é descendente direto do Maltês descrito por Estrabon. A origem exata dessa raça é desconhecida, existindo várias teorias sobre este tema.

O Barão Hoytard, grande estudioso de raças de cães europeus de luxo, no entanto, não concorda com essa teoria e afirma que no Baixo Mediterrâneo existia, entre os antigos povos, uma raça anã de cães, conhecida por "Melioeus", e cuja origem era a ilha de Malta ou Melita, próxima da Sicília. Para não confundi-lo com o Maltês moderno, que ele considera completamente diferente do antigo, ele o chama de "cão de Melita". Possuía o pelo ondulado, segundo alguns estudiosos. O Maltês antigo era maior, mais pesado e com as orelhas mais altas.

Outra teoria considera que o Maltês moderno foi formado pelo cruzamento do épagneul anão com o poodle anão ou com o cão de Caiena. Por essa hipótese, é desses cães que se originaria o barbichon, termo logo substituído por bichon, cuja origem parece ser a Itália, segundo fatos ou provas existentes, de acordo com alguns estudiosos sobre o assunto.

O Maltês, desde a época do Império Romano, tem sido um dos cães mais apreciados por ricos, nobre e pessoas influentes de todo o mundo. Podemos citar, como curiosidade, que as rainha Vitória e Elizabeth I, da Inglaterra, possuíram cães Malteses. Além delas, Maria Antonieta, mulher do Rei Luis XVI e outras personalidades mais recentes, como Merilyn Monroe, Barbara Streisand e Britney Spears, entre outras.

Os primeiros cães malteses introduzidos no Brasil foram trazidos da Inglaterra, em 1972, pela Sra. Nair Nobre. Eram 2 fêmeas e 1 macho adquidos no Canil Marenecass Maytheas Sharron.

Foi a reprodução desses animais que deu início à criação de malteses no Brasil, raça esta que se espalhou pelo país, principalmente pelos estados do Rio de Janeiro e São Paulo.

Capítulo 2

Padrão oficial do Maltês

O padrão oficial do cão Maltês, segundo a Confederação Brasileira de Cinofilia, é o seguinte:

APARÊNCIA GERAL
De tamanho pequeno, corpo alongado. Coberto por uma pelagem branca muito longa. Muito elegante com um distinto e orgulhoso porte da cabeça.
PROPORÇÕES IMPORTANTES
O comprimento do corpo é maior 38% do que a altura na cernelha. O comprimento da cabeça é igual a 6/11 da altura na cernelha.
COMPORTAMENTO / TEMPERAMENTO
Vivo, afetuoso, muito dócil e muito inteligente.
CABEÇA
Seu comprimento é igual a 6/11 da altura na cernelha. Ela é bastante larga, excedendo ligeiramente a metade de seu comprimento.
REGIÃO CRANIANA
Stop
Depressão nasofrontal fortemente marcada, fazendo um ângulo de 90°.

Crânio
Ligeiramente mais longo que o focinho; a largura bizigomática é igual ao seu comprimento e consequentemente superior à metade do comprimento da cabeça. No sentido sagital ela é de forma levemente ovóide; a parte superior do crânio é plana, com uma crista occipital levemente marcada. A protuberância dos ossos frontais e das arcadas superciliares são bem desenvolvidas; o sulco frontal é tão pouco marcado que é invisível; as faces laterais dos ossos parietais são ligeiramente convexas.
REGIÃO FACIAL
Trufa
Na prolongação da cana nasal; vista de perfil, sua face anterior é vertical. Volumosa com narinas abertas, arredondada e absolutamente preta.
Focinho
O comprimento do focinho é igual a 4/11 do comprimento da cabeça, portanto, ligeiramente menor do que sua metade. A região suborbital é bem cinzelada. Sua profundidade é 20% menor do que seu comprimento. Os lados do focinho são paralelos, mas o focinho, visto de frente, não deve parecer quadrado, tendo em vista que a face anterior se une às laterais por curvas. O focinho é retilíneo com um sulco bem marcado na sua parte central.
Lábios
Vistos de frente, os lábios superiores têm a forma de um arco muito aberto em suas junções. São pouco desenvolvidos em profundidade e a comissura labial não é visível. O lábio superior se adapta perfeitamente ao lábio inferior, a tal ponto que o perfil inferior do focinho é definido pela mandíbula. As bordas dos lábios devem ser absolutamente pretas.
Maxilares
Maxilares: normalmente desenvolvidos, de aparência leve e perfeitamente adaptados. A mandíbula, cujas ramificações são retas, não é nem proeminente, nem recuado em sua parte anterior.

Dentes
As arcadas dentárias são perfeitamente adaptadas e os incisivos articulados em tesoura. Os dentes são brancos, a dentição é bem desenvolvida e completa.
Olhos
Abertos, de expressão viva e atenta, maiores do que se imagina. Sua forma tende a ser redonda. As pálpebras estão em contato com o globo ocular, nunca inseridas profundamente, mas em nível com a cabeça, ligeiramente salientes. Os olhos são inseridos em um plano quase frontal. Vistos de frente, não devem mostrar a esclerótica (o branco dos olhos). São de cor ocre escuro. As bordas dos olhos são pretas.
Orelhas
De forma quase triangular; sua largura é mais ou menos 1/3 de seu comprimento. São inseridas altas, acima do arco zigomático, pendentes, caídas rentes às laterais do crânio, pouco eretas.
PESCOÇO
Embora coberto por uma pelagem abundante, a nuca é bem visível. O perfil superior é arqueado. Seu comprimento é aproximadamente a metade da altura na cernelha. É portado ereto e não apresenta nenhuma pele solta.
TRONCO
O comprimento, da ponta do ombro à ponta da nádega é 38% maior que a altura na cernelha.
Linha superior
Reta, até a inserção da cauda.
Cernelha
Ligeiramente acima da linha superior.
Dorso
Seu comprimento é de aproximadamente 65% da altura na cernelha.

Garupa
No prolongamento da linha dorso lombar, a garupa é muito larga e longa. Sua obliquidade é 10° abaixo da horizontal.
Peito
Amplo; descido abaixo dos cotovelos, com costelas pouco arqueadas. A circunferência do peito é de 2/3 a mais do que a altura na cernelha. A região do esterno é muito longa.
CAUDA
Inserida ao nível da garupa, espessa na raiz e fina na ponta. Seu comprimento corresponde a mais ou menos 60% da altura na cernelha. Forma uma única curva grande, cuja ponta cai entre as ancas, tocando a garupa. A cauda caída para um lado do corpo é tolerado.
MEMBROS
Anteriores
Muito próximos ao corpo; as pernas são retas e paralelas.
Ombros
Seu comprimento representa 1/3 da altura na cernelha e sua obliquidade abaixo da horizontal é de 60° a 65°. Em relação ao plano mediano do corpo quase vertical.
Braços
Mais comprido do que o ombro, medindo 40° a 45° na altura da cernelha. A obliquidade é de 70%. Bem próximos ao corpo nos seus 2/3 superiores e sua direção longitudinal é quase paralela ao plano mediano do corpo.
Cotovelos
Paralelos ao plano mediano do corpo.
Antebraços
Secos com poucos músculos visíveis, mas com uma ossatura bastante robusta em relação ao tamanho da raça.

Carpos
Na linha vertical do antebraço, flexíveis; sem nodosidade; coberto de uma pele fina.
Metacarpos
Têm as mesmas características do carpo, e por serem curtos, são verticais.
Patas anteriores
Redondas, dedos fechados e arqueados, almofadas plantares e digitais, pretas; unhas devem ser pretas ou pelo menos de cor escura.
Posteriores
No conjunto, de ossatura robusta; paralelos e, vistos por trás, verticais, da ponta da garupa ao solo.
Coxas
Fortemente musculosas e sua borda posterior é convexa. Paralelas ao plano mediano do corpo; sua direção desde acima até abaixo e detrás até a frente, é um pouco oblíqua em relação à vertical. Seu comprimento é aproximadamente de 40% da altura na cernelha e sua largura é ligeiramente menor do que seu comprimento.
Pernas
Com uma canela pouco visível entre o tendão e o osso, sua obliquidade abaixo da horizontal é de 55º. São ligeiramente mais longas que as coxas.
Angulação dos jarretes
A angulação anterior do jarrete é de 140°.
Jarretes
A distância do solo até a ponta dos jarretes é ligeiramente maior que 1/3 da altura na cernelha. Seu comprimento corresponde à altura do jarrete. São perfeitamente aprumados.
Patas posteriores
Redondas como as anteriores, com as mesmas características.

Patas
Redondas, firmes, com boas almofadas, parecendo grandes por causa da abundante pelagem.
MOVIMENTAÇÃO
Uniforme, rasante no solo, livre, com passadas curtas e muito rápidas no trote.
PELE
Muito aderente em todas as partes do corpo. Pigmentada com manchas escuras e com manchas vinho avermelhadas, especialmente no dorso. As bordas dos olhos, a terceira pálpebra e os lábios são pretos.
PELAGEM
Pelo
Denso, brilhante, lustroso, caindo pesadamente e de uma textura sedosa, muito longa sobre todo o corpo; reto sobre todo seu comprimento, sem sinal de ondulação ou caracol. Sobre o tronco deve ser mais longo do que a altura da cernelha e cai pesadamente para o solo, como uma capa bem colocada sobre o tronco sem se abrir ou formar flocos ou mechas. Flocos ou mechas são aceitáveis nos membros anteriores, do joelho à pata. Não tem subpelo. Na cabeça, o pelo é muito longo, como também no focinho, onde ele se mistura com o pelo da barba e também no crânio de onde ele cai até misturar com o pelo das orelhas. Na cauda, os pelos caem para trás de um lado do corpo, quer dizer, sobre um dos flancos, e sobre as coxas, de um comprimento que atinge os jarretes.
Cor
Branco puro; um pálido tom de marfim é permitido. Manchas pálidas de sombra laranja são toleradas, mas não desejadas e constituem uma imperfeição.

TAMANHO / PESO
Altura na cernelha: machos: de 21 a 25 cm. Fêmeas: de 20 a 23 cm. Peso: 3 a 4 kg.
FALTAS
– qualquer desvio dos termos deste padrão deve ser considerado como falta e penalizado na exata proporção de sua gravidade. – estrabismo bilateral. – comprimento do corpo excedendo em 43% da altura na cernelha.
FALTAS SÊRIAS
– nariz romano. – prognatismo inferior, se interferir na aparência do focinho. – tamanho dos machos acima de 26 cm ou abaixo de 19 cm. – tamanho das fêmeas acima de 25 cm e abaixo de 18 cm.
FALTAS ELIMINATÓRIAS
– acentuadas divergências ou convergências dos planos da cabeça. – total despigmentação da trufa ou trufa de outra cor senão o preto. – prognatismo superior. – olhos azuis. – total despigmentação das bordas palpebrais dos olhos. – ausência de cauda ou cauda encurtada, congênitas ou adquirida. – pelo crespo. – qualquer outra cor senão branco, com exceção da cor marfim pálido. – manchas de diferentes cores, de qualquer tamanho.
NOTAS
– os machos devem apresentar os dois testículos, de aparência normal, bem descidos e acomodados na bolsa escrotal.

Mandy – fêmea – 2 anos – Campeã e Campeã Panamericana Canil Little Crystal – Prop. Diogo Salas Ortiz

Vision – Macho – 2,5 anos – Grande campeão, Campeão Panamericano e Internacional – Canil Little Crystal – Prop. Diogo Salas Ortiz

Capítulo 3

Características do Maltês

3.1 Expectativa de vida

Normalmente, um Maltês vive de 15 a 19 anos, podendo, em alguns casos, passar dos 20 anos de vida. Sua longevidade, assim como a dos seres humanos, está relacionada a fatores genéticos e, especialmente, a como o animal foi tratado durante toda a sua vida. Animais que receberam boa alimentação, vacinas, acompanhamento veterinário regular, etc., apresentam maiores chances de atingirem idades mais avançadas.

3.2 Temperamento

O cão Maltês, podemos afirmar, é um dos melhores cães de companhia, porque ele gosta muito de ter e de ser companhia, principalmente do seu dono. É, realmente, o típico cão de companhia, que vive sempre por perto, "grudado" no seu dono, sempre pedindo colo ou saltando para ele e se aconchegando, como um verdadeiro "bebê" e ainda fica fazendo "dengos", todas as vezes que pode e tem oportunidade para isso.

É um cãozinho muito alegre, brincalhão, discreto, dócil, cordial, amoroso, muito expressivo, bastante sossegado e tranquilo e que não gosta de muito barulho e de agitação. Além disso, é calmo, relacionando-se muito bem, com qualquer pessoa, seja ela criança, jovem, adulta ou idosa, desde que elas o tratem, também, com amizade e carinho.

Costuma-se dizer que o Maltês é ótimo para pessoas com estilo de vida e hábitos agitados, contudo, é perfeito para pessoas tranquilas, que gostam de "curtir" a vida sem correrias. Esta frase mostra como o Maltês é um cão que se adapta bem ao seu dono e estilo de vida. Torna-se mais agitado e brincalhão ou mais calmo e pacato, de acordo com os hábitos e temperamento de seus donos.

O Maltês não possui nenhuma agressividade, mesmo com estranhos. Ele é, mesmo, um cãozinho muito charmoso, mas que exige que lhe deem muito carinho.

Não há dúvida alguma de que ele é muito ligado e apegado às pessoas, inclusive àquelas com as quais tem pouca relação e até mesmo com as estranhas. Basta que chegue alguma visita para que ele dela se aproxime, a cheire e comece logo a abanar a cauda, seu sinal de alegria. A casa na qual vive um Maltês é sempre muito alegre.

O Maltês, não só se adapta, mas se integra totalmente à sua casa, à sua vida e ao ambiente em que vive, desde que neles existam pessoas dispostas a brincar com ele.

Apesar de ser um pequeno cãozinho, é um bom cão de alerta, porque pressente a aproximação de estranhos e só para de dar o sinal ou muda sua maneira de latir, quando identifica a pessoa.

Naturalmente, há exemplares dessa raça que são mais ativos, estando sempre em movimento, brincando ou correndo e outros com um temperamento bem diferente, que se mantêm sempre calmos, deitados e olhando à sua volta, mas todos eles têm uma coisa em comum: preferem estar, sempre, ao lado do seu dono e, de preferência, no seu colo.

O Maltês é um cão que "dança de acordo com a música", pois entra no ritmo do seu dono, seja ele criança, adolescente, adulto ou idoso. Podemos afirmar que o maltês é, mesmo, o cão que melhor se molda e reflete o estilo ou comportamento do seu dono.

Devido ao seu temperamento, concluímos que o Maltês é um cão destinado a viver com o seu dono, junto com a sua família e nunca só, isolado ou "abandonado" fora de casa, no jardim ou no quintal, porque ele só é feliz estando com a "sua" família, dentro da "sua" casa. Quando isso não acontece, ele acaba ficando neurótico, revoltado, tornando-se até bagunceiro e barulhento.

O Maltês é muito sensível, principalmente quando se trata do seu dono, chegando até a sentir o seu estado de espírito ou humor, percebendo quando ele está triste, aborrecido ou deprimido. O mais interessante é que esse cão faz tudo para animá-lo, brincando, pulando e latindo alegremente, fazendo as mais variadas brincadeiras e muita festa.

É um cão muito obediente e inteligente. Aprende rapidamente as lições e as assimila, em geral, logo da primeira vez que as recebe. A partir dos 4 meses de idade ele já pode ser adestrado.

O Maltês é um cão muito limpo, que não tem cheiro forte e que solta poucos pelos. Quando solto, ele mesmo evita se sujar, tomando cuidado, não se deitando ou se esfregando no chão, na terra ou em gramas. Não fica fuçando tudo o que encontra e nem cava para fazer buracos na terra. Ele, no entanto, pode mudar completamente o seu comportamento normal e, por raiva, vingança, revolta ou chantagem pode, de propósito, se sujar todo, na terra, na lama, nas suas fezes e urina ou até mesmo no seu vômito, somente para atingir o seu dono, porque ele o deixou sozinho em casa, porque percebe que ele vai sair e não vai levá-lo, por ciúme de outro cão que o seu dono levou para a "sua" casa etc.

Outra forma de protesto é o cão deixar de comer, às vezes por dias, porque o seu dono foi viajar e o deixou sozinho, fazendo-o sentir-se só, abandonado e desprezado. O Maltês não gosta de brigar, não é agressivo e nem gosta, também, de revidar a um ataque ou agressão, sendo bastante difícil que o faça.

O Maltês gosta muito é "de sombra e água fresca", pois aprecia muito o conforto e as mordomias de que pode desfrutar, preferindo os sofás mais macios e fofos, para neles se acomodar confortavelmente, principalmente ao lado do seu sono ou para passar o tempo, quando está sozinho. Além disso, ele tem ou adquire alguns hábitos como, por exemplo, o de escolher determinado lugar para dormir.

3.3 Cão amigo

Embora seja muito sociável, bem como amigo de todos os que com ele tenham maiores e mais frequentes contatos, o Maltês escolhe uma pessoa, homem ou mulher ou criança, e a "nomeia" como seu dono ou como seu amigo preferido, a quem sempre dispensará as maiores atenções.

É capaz de passar muito tempo quieto e deitado, descansando, "pensando" ou até dormindo. Suas atitudes e hábitos, no entanto, costumam ser um reflexo do temperamento de seus donos e dos hábitos da casa na qual vive. Desta forma, como já mencionamos, cães Malteses que tenham donos calmos, com uma rotina tranquila, tenderão a ser, também, calmos "relaxados" e, por outro lado, os cães que convivam em casas "agitadas" e donos que demandem maior interação e brincadeiras com seu cãozinho, terão um cão Maltês mais ativo e brincalhão.

3.4 A convivência com seu dono e família

O Maltês, como já dissemos, gosta bastante da companhia de humanos. Costuma se dar bem com todos os membros da casa, inclusive crianças.

É um cãozinho ótimo para ser criado em apartamentos, pois não necessita de grandes áreas para se exercitar ou correr. Entretanto, como nós, o Maltês também precisa praticar, diariamente, alguma atividade física ou exercício. Para isso, bastam quinze ou vinte minutos, todos os dias. Brincadeiras ou passeios são ótimas formas de exercitar esse pequeno cãozinho.

Os passeios na rua só devem ser feitos depois de 15 a 20 dias que tiverem sido aplicadas as últimas vacinas, para que não haja risco de contaminação. Para informações mais precisas sobre quando poderá levar seu cãozinho para passear pela primeira vez, consulte um médico veterinário.

O Maltês é um cão que, apesar de ser muito pequeno, podemos dizer que se trata de um animal corajoso, pois, quando se considera em perigo ou quando julga que seu dono ou outro membro da "família" o esteja, não reluta em rosnar, ameaçar e, em casos extremos, até mesmo "partir para cima".

3.5 O Maltês e as crianças

Os cães da raça maltesa costumam conviver bem com crianças, gostando de brincar e, muitas vezes, agindo como uma. A única ressalva que devemos fazer é ensinar às crianças da casa, principalmente às menores, a nunca maltratar o cãozinho, ou fazer brincadeiras "bruscas" que assustem ou possam ferir o Maltês. É muito comum que crianças pequenas procurem abraçar ou chacoalhar o cãozinho com força, ou mesmo jogar objetos sobre ele.

Devemos ensinar que os cãezinhos são frágeis, que sentem dor e medo, como nós. Esta é uma forma de incentivarmos os pequenos a olharem para os animais como seres semelhantes a nós, que devem ser respeitados e protegidos.

3.6 Hábitos do Maltês

O Maltês tem um comportamento muito higiênico, pois nunca deita em locais sujos ou nos quais faz suas necessidades.

Para isso, ele deve dispor de áreas especiais. Quando é treinado, ele só faz as suas necessidades nos lugares destinados a lhe servir de "banheiros" e que ele foi acostumado a procurar.

Gostam muito de deitar e dormir ao lado do seu dono, de preferência, sendo acariciados. Gostam, também, de deitar em locais com piso frio, pois as baixas temperaturas costumam lhe ser agradáveis.

Apesar de ser um cãozinho que não gosta de ficar só e, normalmente, se sente "rejeitado" quando seus donos o fazem, é possível educá-lo a permanecer bem, sozinho, durante algumas horas, o necessário para que saiam para trabalhar, de manhã, retornando à noite. Para isso, o Maltês deve ser treinado desde cedo, O quanto antes ele se acostumar com esses períodos em que fique só, menos sofrerá com isso.

Bela Meg – fêmea matriz – 3 anos
Canil Encrenquinhas – Prop. Viviane G. Cintra Almeida

Capítulo 4

Doenças, prevenção, tratamento e vacinação

A prevenção e o correto tratamento das doenças que os Malteses, ou qualquer outra raça, possam vir a sofrer são providências vitais que todos os criadores e donos de animais precisam tomar, pois delas podem depender a vida do próprio animal e a saúde da família que o acolheu.

As principais doenças dos cães podem ser de origem infecciosa ou parasitária e, normalmente, exigem cuidados especiais e medidas rotineiras de prevenção. O mais importante para todos os donos de cães, sejam de quais forem as raças, é sempre procurar seguir a orientação de um médico veterinário, que cuidará do cãozinho desde seus primeiros dias até a sua velhice. Sempre que o dono suspeitar de algum problema de saúde deve procurar um veterinário o mais rápido possível e nunca medicar seu cão sem prescrição médica.

A seguir, veremos algumas doenças parasitárias e infecciosas que mais atacam os cães, seus sintomas, tratamento e prevenção.

4.1 Verminoses

O mais comum, e praticamente normal, é que as ninhadas sejam infestadas por vermes, principalmente o *Toxocaracanis*. Raramente uma delas se livra desse problema, por maiores que sejam os cuidados com a limpeza e a higiene dos ninhos e dos locais pelos quais andam os filhotes, pois eles se infestam ao mamarem nas tetas da cadela, quando elas estão contaminadas porque tiveram contato com o chão ou outro local em que se encontravam os vermes, seus "ovos" ou larvas.

Os sintomas da verminose, no filhote, são: ele fica triste e abatido, ventre inchado e volumoso, tem emagrecimento progressivo e perda de peso, pelos foscos e sem brilho, diarréia, mucosidade nas fezes, presença de vermes nas fezes ou, somente, "bolos de vermes", eliminados pelo ânus.

Quando a infestação for muito grande, deve ser dado um vermífugo aos filhotes, antes mesmo da desmama, para que eliminem os vermes e se recuperem. O melhor, porém, é consultar um médico veterinário.

Os vermífugos são, em geral, pílulas que devem ser colocadas bem ao fundo da boca do filhote. Para evitar que ele as cuspa, sua boca deve ser fechada, até que ele engula o medicamento. Existem, também, os vermífugos injetáveis, que podem ser utilizados de acordo com as prescrições de um médico veterinário.

A vermifugação deve ser adotada como rotina e os filhotes só devem ser vendidos ou presenteados depois de tomarem o vermífugo.

A seguir, vemos uma tabela com um cronograma para vermifugação:

Idade do cão (em dias)	Vermifugação
30	1ª dose do vermífugo
45	2ª dose do vermífugo
60	3ª dose do vermífugo

Anualmente, devemos dar uma dose de vermífugo, ou antes, de acordo com prescrição do médico veterinário.

4.2 Algumas doenças e a vacinação

Como a primeira vacinação deve ser feita somente quando os filhotes atingirem, no mínimo, 45 dias de idade, época em que, muitas vezes, são ou já foram vendidos, o criador deve avisar ao comprador que o cãozinho precisa ser vacinado para que fique protegido contra algumas doenças, as quais veremos a seguir. O melhor para quem for adquirir um filhote é só o fazer quando o cãozinho já tiver recebido as primeiras vacinas e já tiver sido vermifugado.

4.2.1 Cinomose

Doença infecciosa muito contagiosa, causada por um vírus. Seus sintomas podem ser os mais variados. Um deles, bastante comum, é o aparecimento de "bolinhas" amarelas, de pus, na barriga do animal. Pode atacar o aparelho respiratório ou digestivo, bem como o sistema nervoso dos cães. Pode atingir todos os cães, especialmente os filhotes de dois a seis meses e pode ser mortal.

Existe uma vacina eficaz contra essa doença e que deve ser aplicada aos dois meses de idade. Dar uma dose de reforço 30 e outra 60 dias após a primeira dose. Repetir a vacinação (uma dose), anualmente.

4.2.2 Hepatite

Ataca o fígado e causa, também, dores abdominais, sangramento, depressão etc. Os cães muito jovens e os muito velhos são os mais sujeitos a essa doença. Os filhotes devem ser vacinados contra a hepatite, recebendo a primeira dose aos 2 meses de idade e, depois, a segunda e terceira doses, respectivamente, 30 e 60 dias após a aplicação da primeira. Vacinar anualmente.

4.2.3 Leptospirose

É transmitida, principalmente, pela urina dos ratos. É transmissível ao homem. Seu diagnóstico clínico não é muito fácil porque não apresenta sintomas específicos, sendo eles bastante gerais como, por exemplo, fraqueza, perda de apetite, vômitos e febre alta. A vacina contra essa doença deve ser aplicada aos dois meses de idade, com uma dose de reforço aos 30 e outra aos 60 dias, após a primeira dose. Repetir a vacinação todos os anos.

4.2.4 Parvovirose

Produzida por um vírus, é uma doença grave, que ataca os cães de todas as idades e que pode ser mortal. A vacina contra essa doença deve ser aplicada aos 2 meses de idade e repetida, como reforço, 30 e 60 dias após a aplicação da primeira dose e, depois, uma vez, todos os anos.

4.2.5 Coronavirose

Causada pelo Coronavirus (ccv), é uma doença altamente contagiosa e de elevada mortalidade, principalmente entre os cães jovens. Já está espalhada por todo o mundo. Não é transmissível ao homem. Seus primeiros sintomas são: prostração, letargia, falta de apetite, diarréia com forte cheiro fétido característico e com muco, vômitos biliosos, espumantes e, às vezes, sanguinolentos.

O período de incubação dessa doença pode ser de 24 a 36 horas ou mais longo. Os animais podem se recuperar, o que ocorre, em geral, em 7 a 10 dias. Para combater essa doença, o melhor é vacinar os cães aos 60, 90 e 120 dias de idade.

4.2.6 Parainfluenza

É muito contagiosa, atacando o sistema respiratório dos cães de qualquer idade. É transmitida por contato direto ou indireto com os cães doentes, sendo uma das doenças mais perigosas para os cães. Sintomas: febre alta, tosse forte com catarro ou mucosidade. Dura, normalmente, de 2 a 4 semanas. Quanto mais rapidamente o cão for medicado, maiores serão as suas possibilidades de recuperação.

Existe uma vacina eficaz contra essa doença e os filhotes devem ser vacinados como rotina. Existem, também, vacinas múltiplas, que podem imunizar contra 6 a 10 doenças, inclusive a parainfluenza.

4.2.7 Raiva

Doença mortal, para a qual não existe cura depois do aparecimento de seus sintomas. É causada por um vírus, sendo transmissível ao homem. É transmitida ao homem, cães e outros animais, pelo contato direto da saliva contaminada do cão raivoso, por lambeduras ou mordidas.

A vacina contra a raiva, conhecida como antirrábica, deve ser aplicada nos cães aos 5 meses de idade e, depois, repetida uma vez por ano.

4.3 Cronograma de vacinação

Para que os cãezinhos fiquem protegidos dessas e de outras doenças é indispensável que sejam corretamente vacinados. O melhor, para isso, é seguir o cronograma de vacinação indicado por um médico veterinário, como o que apresentamos a seguir.

4.3.1 Tabela de vacinação

Idade do cão (em dias)	Doses e vacinas
60	1ª – cinomose, hepatite, leptospirose, parvovirose, coronavirose e parainfluenza
90	2ª – cinomose, hepatite, leptospirose, parvovirose, coronavirose e parainfluenza
120	3ª – cinomose, hepatite, leptospirose, parvovirose, coronavirose e parainfluenza
150	anti-rábica (dose única)

As vacinas contra as doenças acima, podem ser dadas separadamente, desde que respeitados os prazos entre as suas respectivas doses.

Existem vacinas múltiplas, que facilitam o esquema de vacinação, pois, os cães não precisam receber mais do que uma injeção. Essas vacinas podem imunizar de 8 até 10 doenças, simultaneamente.

Para o uso de vacinas múltiplas (normalmente as V8 ou V10), segue o cronograma abaixo:

Idade do cão	Vacina
De 45 a 60 dias	1ª dose da vacina múltipla
21 dias após	2ª dose da vacina múltipla
21 dias após	3ª dose da vacina múltipla
150 dias	anti-rábica – dose única

4.4 Principais problemas de saúde

Cada raça canina pode apresentar alguns problemas de saúde, com maior incidência do que outras. Os Malteses não são exceção e estão mais sujeitos a alguns problemas, como veremos a seguir. Entretanto, o Maltês não é considerado um cão com tendência a desenvolver muitas doenças, se o compararmos a cães de outras raças.

De maneira geral, podemos afirmar que os cães dessa raça estão mais sujeitos a apresentar problemas nos olhos, otites, problemas nos joelhos, além de algumas dermatites e alergias. Além disso, há um problema bastante comum de má formação de algumas articulações, que podem restringir a capacidade motora do cão. Abaixo, teremos mais detalhes sobre cada um desses problemas e as providências possíveis.

4.4.1 Subluxação de patela

Esta doença é muito comum em cães de raças de pequeno porte. Caracteriza-se por má formação do osso do joelho que acaba por propiciar o deslocamento da patela. Esse deslocamento traz dor e incômodo para o cão, principalmente ao andar.

Na maioria dos casos, a luxação é leve e os sintomas desaparecem rapidamente, mesmo que venham a reincidir eventualmente. Quando o caso é considerado grave, a única alternativa é cirúrgica.

4.4.2 Atrofia progressiva da retina

A atrofia progressiva de retina é, na verdade, um grupo de doenças dos olhos que causam a degeneração da retina, e pode levar o cão à cegueira. As doenças de retina que levam ao quadro de cegueira são, basicamente, a degeneração de retina e a displasia de retina.

4.4.2.1 Sintomas da atrofia progressiva de retina

Os sintomas mais comuns são a perda gradativa de visão, que se inicia com a diminuição da capacidade de visão noturna. Percebe-se que o cão, à noite, passa a ficar meio desorientado, apreensivo ou mesmo evitando subir e descer escadas e, ainda, começa a "tropeçar" nos móveis, especialmente se alguma peça tiver sido mudada de lugar.

4.4.3. Alergias

O Maltês é um cão com grande tendência a sofrer de dermatites. Da mesma forma que os seres humanos, esses cães podem desenvolver alergias, tanto as de pele quanto as respiratórias ou as alimentares.

4.4.3.1 Dermatites

As alergias mais comuns nos cães dessa raça são, sem dúvida, as que causam problemas de pele, ou dermatites. Os sintomas são bastante claros, pois o cão começa a coçar bastante uma ou mais áreas do corpo, podendo desenvolver feridas bem "feias".

Quando o cão começar a se coçar muito, mesmo estando sempre limpo e com aplicação de antipulgas, devemos levá-lo ao veterinário para que o profissional possa fazer um exame no animal e diagnosticar o problema.

As dermatites podem ser causadas pelos mais variados motivos; desta forma, devemos ficar alertas para que, quando o problema aparecer, possamos identificar a causa ou as causas que estejam contribuindo para o surgimento das dermatites.

De um modo geral, podemos evitar as dermatites secando bem o Maltês, depois do banho, com toalhas secas e, depois, com um secador elétrico. Estas medidas podem ser bastante eficientes, tanto para prevenir, como para auxiliar na recuperação de áreas afetadas, dependendo do agente causador do problema.

Algumas substâncias comuns nas nossas casas podem causar reações alérgicas no Maltês, entre as quais, podemos citar os produtos de limpeza e materiais sintéticos com os quais o cão tenha contato direto (carpetes, cobertores etc.). Entre os diversos fatores que podem fazer com que o Maltês desenvolva algum tipo de dermatite, devemos citar as "mordidas" das pulgas e o uso de roupas com material sintético.

As dermatites causam "rachaduras" e vermelhidão na pele; podem ser apenas indício de um processo alérgico mais importante quando o cão apresenta outros sintomas, como vômitos, perda de peso, diarréia, entre outros. O mais importante é, quando houver um ou mais sintoma de dermatite ou outro tipo de alergia, levar o cão imediatamente ao veterinário.

4.4.3.2 Alergia a alimentos

O Maltês pode, eventualmente, apresentar algum tipo de reação alérgica à alimentação que recebe. Como nas pessoas, alguns cães podem ser alérgicos a um determinado alimento, enquanto a outros, não. Por essa razão, cada animal é um caso diferente, podendo desenvolver um quadro alérgico devido ao consumo de alguma ração específica (seca ou molhada), carne bovina, suína, de peixe, ovos e muitos outros alimentos. Para minimizar a possibilidade de alergias alimentares, devemos dar sempre aos Malteses rações específicas para a sua raça, evitando comida "caseira".

Capítulo 5

Primeiros socorros

Os cães, como todos nós, estão sujeitos a sofrer acidentes de todos os tipos ou mesmo, repentinamente, algum problema saúde pode se manifestar. Alguns acidentes comuns para os cães são os atropelamentos, choques elétricos, quedas, ingestão acidental de algum produto nocivo ou tóxico, ferimentos devido a brigas com outros cães etc.

Por esses motivos, seus donos devem estar sempre atentos para perceber o ocorrido, avaliar o perigo para a saúde dos seus cães e poder socorrê-los com a máxima urgência possível, de acordo com as necessidades, chamando um médico veterinário ou os levando para uma clínica veterinária ou para um hospital especializado.

Esses acidentes podem ocorrer com os cães de todos os tamanhos ou raças e de todas as idades. Damos a seguir, alguns exemplos de acidentes e as providências que devemos tomar para enfrentá-los da melhor maneira possível.

5.1 Fraturas

Os donos de cães devem estar sempre preparados para enfrentar uma emergência, porque os cachorros, como também ocorre com as crianças, fazem as suas travessuras e muitas vezes, podem "se dar mal", sofrendo traumatismos ou lesões de diversas naturezas e que, em alguns casos, podem ser graves. Entre eles destacam-se as fraturas, que podem ser internas ou então, externas ou expostas, quando o osso ou ossos, total ou parcialmente fraturados, ficam expostos ao ar, para fora do local em que se localizam normalmente. Isso ocorre logo após o rompimento dos tecidos que os recobrem.

As fraturas são quebras ou rompimentos parciais ou totais de um, de dois ou de um maior número de ossos. Elas podem ser simples rachaduras ou trincados, ou então, ocorre a sua ruptura, que pode ser parcial ou total.

Quando um cãozinho sofre uma fratura, muitas vezes, não estamos por perto para presenciar o acidente e, dessa forma, não podemos tomar as medidas mais indicadas para cada caso. Assim, somos obrigados a suspeitar de uma possível fratura, luxação, entorse etc., apenas pela observação do comportamento do cão. Se o animal estiver com uma perna fraturada, por exemplo, notamos que ele manca ao andar, se movimenta com mais dificuldade e evita colocar uma das patas no chão. Pode, ainda, "reclamar" da dor, com ganidos ou choros, sempre que forçar a área lesada.

No caso específico do Maltês, por se tratar de um cão de pequeno porte, o melhor é levá-lo, no colo, com bastante cuidado, o mais rapidamente possível, para ser examinado por um médico veterinário, logo após constatar a fratura ou surgir a suspeita de que possa haver um ou mais ossos fraturados.

5.2 Intoxicação por ingestão acidental

Quando um cão ingere, sem que o percebamos, algum produto tóxico, como um produto de limpeza, por exemplo, o que devemos fazer é levá-lo imediatamente a um médico veterinário, juntamente com a embalagem do produto. Com a embalagem, o veterinário poderá saber, com maior precisão, qual o remédio mais indicado para cada situação, aumentando as chances de o animal não sofrer tanto ou, ainda, de salvar-lhe a vida. Não devemos, nunca, tentar induzir o vômito do animal.

5.3 Asfixia

Muitas vezes, um cão pode tentar comer algum objeto e ficar engasgado com ele. Como consequência, o mesmo poderá ficar com falta de ar, sofrendo uma asfixia, que pode tirar-lhe os sentidos ou, ainda, levá-lo à morte.

Para evitar maiores problemas e salvar o cãozinho, devemos tentar mantê-lo calmo e, ao mesmo tempo, olhar a sua garganta, para vermos se é possível localizar o objeto que esteja causando o problema. Após localizá-lo, devemos removê-lo com uma pinça, ou mesmo com os dedos, se for possível. Devemos tomar cuidado para não empurrar o objeto mais para dentro, o que poderia agravar ainda mais a situação.

Se não for possível remover o objeto e o animal estiver entrando em colapso, devemos pressionar a sua caixa torácica, vigorosamente, três vezes. Esse procedimento visa deslocar o objeto para fora, fazendo com que seja expelido completamente ou, pelo menos, que o deixe em uma posição mais fácil para ser removido com uma pinça ou com os dedos.

5.4 Feridas de mordidas

O Maltês é um cão extremamente tranquilo e amável. Entretanto, por se tratar de um cão e possuir seus instintos animais pode, eventualmente, se envolver em uma briga com outro cão, seja ele de sua raça ou de outra qualquer. Se houver ferimentos com sangue, devemos cuidar muito bem deles e, no caso de ferimentos mais graves, o animal deve ser levado o mais rapidamente possível a um hospital veterinário.

É importante nos lembrarmos sempre de que uma ferida exposta é uma grande porta de entrada para infecções e, por essa razão, deve ser muito bem limpa e desinfetada. Primeiro, limpamos a ferida com soro fisiológico ou, na falta deste, com água potável. Depois, devemos utilizar algum antisséptico local, para desinfetar a ferida. Se houver um sangramento constante, antes de o limparmos e desinfetarmos devemos pegar um pedaço de pano e pressionar o local, por alguns minutos, até que o sangramento seja contido.

Depois, passamos para a assepsia local, ou seja, para a limpeza e desinfecção da ferida.

5.5 Vômitos

Os vômitos podem ser causados pelos mais diversos motivos. Podem ser relativos a uma simples condição de sensibilidade momentânea em alguma parte do aparelho digestivo mas podem, também, fazer parte de um quadro clínico mais complexo, ou seja, podem ser sintoma de alguma doença ou de intoxicações.

De qualquer maneira, quando o cãozinho apresentar vômitos devemos, em primeiro lugar, verificar se essa ocorrência é um fato isolado ou se existem outras anormalidades acontecendo, como diarreia, por exemplo. Depois, devemos suspender qualquer tipo de alimentação que não faça parte da alimentação normal do cão, pois pode estar havendo algum tipo de intolerância a um novo alimento ou "guloseima".

Se os vômitos persistirem, devemos interromper totalmente a alimentação por duas a três horas e fornecer, se o cão a procurar, água. Depois, lentamente, devemos oferecer ração seca, até normalizar a sua oferta ao cão. Após um período de 24 horas, a alimentação deve ser totalmente normalizada. Caso os vômitos persistam, devemos levar o animal ao médico veterinário.

Capítulo 6

Alimentação

Por melhores que sejam as características genéticas de um cão, em relação ao fator pelagem, ele somente apresentará uma boa cobertura de pelos se receber uma alimentação adequada, não só quanto à sua quantidade mas, e principalmente, quanto à sua composição. Isso é necessário para que haja certo balanceamento entre os componentes da dieta alimentar, o que concorre para melhor suprir as necessidades alimentícias do organismo do cão.

Sem uma boa alimentação, nenhum cão ou qualquer outro animal, pode apresentar uma pelagem bonita e perfeita. Isto ocorre porque os principais elementos que compõem os seus pelos são as proteínas. Estas substâncias, além de serem alguns de seus componentes, são as responsáveis pela sua formação, resistência, textura, cores e, ainda, pela intensidade do seu brilho.

Outros elementos que influenciam na formação e no desenvolvimento dos pelos dos cães são alguns minerais, entre os quais, o cobre, o zinco e o ferro.

As vitaminas, também, são muito importantes, indispensáveis mesmo, como componentes da sua pelagem, podendo ser citadas, entre elas, as vitaminas A, E e o ácido pantotênico, pois concorrem para a formação dos pigmentos, permitindo que os pelos adquiram uma coloração firme e bonita.

As gorduras poli-insaturadas são outros elementos que também contribuem para melhorar a qualidade e a aparência dos pelos, dando-lhes um brilho mais intenso. Entre essas gorduras, pode ser destacado o ácido linoleico, existente em vários óleos vegetais, como os de soja, girassol e milho.

Uma boa alimentação só é possível com boas rações ou com alimentos adequados.

6.1 As rações balanceadas

Alimentar os cães com o uso de rações balanceadas é o meio mais eficiente e prático que os donos e criadores podem adotar. Existem dezenas de tipos de rações, com características diferentes e aplicações variadas.

De uma forma geral, podemos dizer que as rações industrializadas são classificadas pelo porte e idade do cão. Existem rações mais específicas como, por exemplo, rações destinadas a cães com problemas renais, cardíacos, diabetes, cães obesos, etc.

Especialmente para cães cuja pelagem é uma das características principais, como no caso do Maltês, a correta escolha das rações a serem administradas é um dos principais fatores que concorrem para a beleza e saúde do animal e da sua pelagem.

As rações podem ser classificadas, também, pela sua qualidade, ou seja, pelo teor nutritivo que oferecem ao animal. As melhores linhas de rações são as denominadas *Premium,* que apresentam a melhor composição balanceada que o animal poderá receber. Mesmo assim, entre as marcas de rações que trabalham com esse tipo de produto, existem aquelas que se destacam. Para uma correta avaliação, é necessário que seja feita uma comparação da composição e valores nutricionais que constam, obrigatoriamente, nas embalagens dos produtos

Além das rações *Premium,* existem aquelas conhecidas como de segunda e terceira linhas. Essas rações são mais "fracas" no que diz respeito ao seu valor nutricional mas, também, são mais econômicas ou baratas.

Como não encontramos nas embalagens de rações a indicação clara do tipo de linha do produto, ou seja, não encontramos um saco de ração com a informação "segunda linha", "terceira linha" ou "ração com baixo teor nutritivo", a primeira forma de analisarmos a possível qualidade do produto é pelo seu preço: rações melhores são, invariavelmente, as mais caras. Apenas as rações *Pre-*

mium apresentam, em suas embalagens, a inscrição "*Premium*", para enfatizar ao consumidor a sua qualidade e justificar o valor a ser pago por esse produto.

Existem outras denominações para as linhas de rações como, por exemplo "*Super Premium*", "*Premium*" e "*Standard*". Esta nomeclatura é utilizada, também, para auxiliar na identificação das rações de primeira, segunda e terceira linhas.

O melhor, sempre, é manter-se informado sobre as marcas de ração disponíveis no mercado. É fácil obter esse tipo de indicação com médicos veterinários ou mesmo com profissionais de pet shops. É bom lembrar que as melhores marcas sempre zelam pela qualidade de seus produtos.

Para o Maltês, especificamente, o melhor é, se possível, fornecer rações Premium. Existem ainda, alguns tipos de rações Premium que, devido à sua composição, auxiliam na manutenção de cães com pelagem mais exigente. Quando filhotes, devemos administrar rações específicas para as fases do seu crescimento, porque elas apresentam, em sua composição, todos os nutrientes necessários para o bom desenvolvimento do filhote, em cada etapa do seu crescimento.

6.2 Como fornecer as rações

Além da qualidade da ração fornecida ao cão, é muito importante que a forma pela qual o animal a receba seja a mais adequada. Por esta razão, o melhor é fixar horários para o fornecimento da alimentação, de preferência, que sejam duas vezes ao dia, sempre no mesmo horário. Com esta medida, o cão fica totalmente acostumado com a sua rotina, ajuda a regular as suas funções intestinais e, ainda, facilita as "caminhadas" ou "passeios" com seu dono, quando for o caso, pois todos os animais apresentam uma tendência a fazer suas necessidades fisiológicas após as refeições.

Se o cão estiver acostumado a comer comida caseira e não ração, devemos substituir, aos poucos, esse tipo de alimentação pelas rações industrializadas. Por já ter desenvolvido o gosto pela comida caseira, a melhor forma de mudar esse hábito é misturar a ração à comida diária. Todos os dias, a proporção de ração na comida deve aumentar, enquanto a porcentagem de comida caseira deve diminuir. Desta forma, o cão passa a se alimentar de maneira mais saudável e não sofre um "trauma" com essa mudança.

Não é indicado adicionar à ração, leite ou água. Algumas pessoas acreditam que, "amolecendo a ração", o cão achará a refeição mais apetitosa. Em primeiro lugar, se o cão já estiver habituado com a ração seca, acrescentar qualquer outro ingrediente é desnecessário e, ainda, esta prática pode fazer com que a ração se estrague em muito pouco tempo, tornando-a imprópria para o consumo. Salientamos, ainda, que muitas rações secas apresentam em sua fórmula, componentes que ajudam o cão a "escovar os dentes" enquanto come. Isso, porém, só funciona no caso de a ração ser servida seca.

6.3 Outros alimentos

Além das rações balanceadas industrializadas, podemos fornecer aos cães vários "petiscos". São rações molhadas, frescas, "ossos" industrializados etc. Existem muitas latinhas disponíveis no mercado, com produtos industrializados de qualidade e de sabor bastante atrativo para os cães. Devemos, porém, tomar bastante cuidado para que o cão não comece a querer abandonar a ração balanceada para alimentar-se somente com seus petiscos.

6.4 As fezes e o valor alimentício da ração

Quanto menor for o volume das fezes expelidas pelo cão, durante um dia no qual recebeu a sua ração normal e na mesma quantidade, maior podemos considerar a qualidade da ração que ele esteja recebendo. Isso se dá porque as melhores rações apresentam um aproveitamento maior e melhor digestibilidade. Isto quer dizer que rações de melhor qualidade são mais aproveitadas no processo digestivo e, por consequência, fazem com que o cão produza uma quantidade menor de fezes.

Assim sendo, quanto maior for a diferença entre a quantidade dos alimentos ingeridos e o "tamanho" das fezes, que é sempre menor, maior é o volume de alimentos, ou seja, de substâncias nutritivas, absorvidas pelo organismo do animal que com elas se alimentou.

Outra informação fornecida pelas fezes é obtida pela sua consistência: quando for firme, indica que os alimentos foram bem digeridos e assimilados. Quando as fezes forem moles ou líquidas, isto indica problemas ou distúrbio gastrointestinal como intoxicações, diarreias etc.

6.5 Descoloração dos pelos

Acromotriquia é o termo empregado para designar a descoloração ou "desbotamento" dos pelos, que pode ser causado por carência de vitaminas, de gorduras ou de minerais.

Esse problema apresenta-se com maior frequência quando os cães são nutridos com alimentos caseiros, principalmente quando eles não são diversificados, como é comum no caso de os cães serem alimentados diariamente apenas com frango e arroz.

Quando os cães sofrem de descoloração dos pelos, é normal que eles apresentem, também, descamação da pele, ou seja, "caspas", "cascas" ou "seborreias", além de um desagradável cheiro, às vezes, bastante forte.

Para combater as causas desses sintomas, os cães devem receber, regularmente, suplementos ricos em vitaminas e sais minerais. Com o mesmo objetivo, pode ser a eles ministrada a levedura de cerveja.

Este é, também, um alerta de que as rações fornecidas ao cão não sejam de boa qualidade e que não contenham a quantidade necessária de nutrientes de que o cão necessita.

6.6 Alteração na cor ou avermelhamento dos pelos

Normalmente, a alteração ou avermelhamento da cor dos pelos ou da pelagem dos Malteses, pode ser provocada pela alimentação por eles ingerida, pelo corrimento de lágrimas sobre os seus pelos ou pela saliva das lambeduras que eles dão em todos os locais do corpo que eles podem alcançar com a língua.

Quando essa alteração de cores ocorre devido a problemas alimentares, o avermelhamento aparece, principalmente, em volta da boca, entre o ânus e os órgãos genitais e também nas patas.

Como essas alterações de cores na pelagem são consideradas como defeitos, devem ser combatidas com tratamentos especiais, como os indicados a seguir:

1. lambeduras – controlar esses movimentos do cão;
2. lágrimas – empregar colírios;
3. nutrição – corrigir o regime alimentar do animal.

Vision – Macho – 2,5 anos – Grande campeão, Campeão Panamericano e Internacional – Canil Little Crystal – Prop. Diogo Salas Ortiz

Capítulo 7

Pelagem do Maltês

Não há dúvida alguma de que o que mais chama a atenção, ou melhor, o que mais impressiona e agrada no Maltês, é a sua belíssima pelagem, lisa, muito comprida, sedosa e branca, de uma brancura imaculada. Como os seus pelos não se alteram nem na primavera e nem no verão, sua pelagem se mantém sempre linda. Como um contraste e para realçar ainda mais, o seu branco puro, o Maltês apresenta o contorno dos olhos, os lábios e a trufa (nariz) pretos, como uma verdadeira "maquiagem preta".

Às vezes, no entanto, ocorrem alterações na cor da sua pelagem como, por exemplo, quando o branco perde o brilho, passando o cão a apresentar uma cor marfim pálida, que é aceita, mas não desejável, ou quando nela surgem traços alaranjados, dando o aspecto de sujeira, mas que são ainda aceitos, embora, também, não desejados. Quando, no entanto, se tratar de marcas ou de manchas, são consideradas defeitos e desqualificam o animal.

7.1 Maquiagem preta

A despigmentação no contorno dos olhos, nos lábios e na trufa (nariz) é considerada um defeito grave e desqualificante que, além disso, faz o cão ficar com um aspecto feio.

Quando as pálpebras de um dos olhos são despigmentadas, ficando rosadas e somente o outro olho possui as pálpebras pretas, fica parecendo que o cão tem um olho maior do que o outro.

No caso de os lábios não serem pigmentados, não podemos ver a forma de semicírculo que eles apresentam quando estão fechados, fazendo o Maltês ficar com uma expressão "sorridente".

Quando a trufa ou nariz é despigmentada, ficando cor-de-rosa, não mais forma um triângulo com os olhos.

7.2 Pelagem dos filhotes

Nem todos os filhotes nascem com a pelagem branca e pura, que é a característica que mais chama a atenção no Maltês.

Existem ninhadas cujos filhotes são todos brancos puros, mas muitas outras, nas quais encontramos filhotes que apresentam tons alaranjados, embora eles possam desaparecer quando os cãezinhos atingem 2 a 6 meses de idade, ficando com a sua belíssima cor branca pura. O cão, no entanto, que já apresentar a pelagem do adulto, não mais mudará a sua cor. Esses tons alaranjados podem demorar mais a desaparecer, mas, se não o fizerem até os 9 meses, normalmente não desaparecem mais.

Os filhotes que nascem com tons ou manchas alaranjadas na pelagem têm, normalmente, os olhos, lábios e nariz pigmentados mais rapidamente, começando quando eles estão com 3 dias de idade e se completando quando eles atingem os 30 dias de vida, enquanto os que nascem brancos são mais tardios, começando a sua pigmentação quando estão com 1 semana, e a completando quando estão com 2 ou mais meses de idade.

Não é aconselhável, no entanto, fazer cruzamentos indiscriminados entre cães com nuances alaranjados na pelagem, porque isso pode provocar o aparecimento de manchas que se fixam, não desaparecendo, mesmo quando o cão atinge a sua fase adulta.

O que o criador procura sempre, é obter o Maltês branco puro, sem manchas e bem pigmentado de preto.

7.3 Cuidados com a pelagem do Maltês

Quando muitas pessoas olham para um Maltês com os seus lindos, branquíssimos e compridos pelos que chegam a se arrastar pelo chão, imaginam logo o grande trabalho que teriam para mantê-lo sempre limpo e penteado.

Realmente, para manter um Maltês para ser apresentado em desfiles ou para entrar em concursos, nas exposições especializadas, o trabalho é grande. Para isso, devemos escovar o cão diariamente, para que os seus pelos muito longos, chegando a atingir o solo, e que são macios e finos não se embaracem. É necessário, também, muito cuidado para que eles não se arrebentem ou quebrem, ficando com um mau aspecto. Além disso, devemos dar-lhe um bom banho, uma vez por semana, mas, o que é importante, secando-o depois, muito bem, para evitar que seus pelos fiquem úmidos, porque isso pode provocar uma alergia mais ou menos intensa.

Esse serviço exige, normalmente, mais de 3 horas para ser feito. Não há, no entanto, necessidade de todo esse trabalho e de tanto tempo para cuidar de um Maltês. Tosando os seus pelos, para que fiquem curtos, basta que o escovemos 1 vez por semana e que ele tome banho de 15 em 15 dias. Nesse caso, gastaremos, normalmente, uns 30 minutos para "prepará-lo".

Não existe uma regra ou norma para tosar os pelos do Maltês, o que depende do desejo ou do gosto do seu dono. Ele pode ser tosado como um filhote, ficando os seus pelos com um comprimento de 1 a 5cm ou qualquer outro corte, inclusive imitando o de outras raças como, por exemplo o do Schnauzer. Os pelos curtos apresentam, ainda, uma grande vantagem para o Maltês, pois ele pode brincar e correr, com muito mais facilidade, porque os seus pelos, estando cortados, não atrapalham seus movimentos. Além disso, ele não se suja muito.

7.4 Outros cuidados com a pelagem

Devemos cortar os pelos em volta do ânus e dos órgãos genitais, para evitar que aí se acumulem sujeiras como fezes, urina etc. Também os das patas, devem ser cortados, para que não fiquem sujos, com lama ou outros materiais neles grudados e que o cão possa neles escorregar, levando quedas de consequências às vezes graves.

É necessário, também, prender os pelos que ficam em volta dos seus olhos, usando para isso, elástico e papel manteiga, para evitar que eles entrem nos olhos e os irritem e para que os canais lacrimais não fiquem inflamados, deixando sair as lágrimas, cuja acidez deixa manchas amarelas na pelagem em volta dos olhos. Também as secreções, na região genital, podem provocar manchas na pelagem do Maltês.

Devemos escovar a pelagem do Maltês, a partir dos 2 meses de idade e pelo menos 3 vezes por semana. O penteado deve ser para baixo, no sentido dos pelos. Eles devem ser desembaraçados com os dedos e não devemos, nunca, forçar os nós, com a escova.

Vision – Macho – 2,5 anos – Grande campeão, Campeão Panamericano e Internacional – Canil Little Crystal – Prop. Diogo Salas Ortiz

Capítulo 8

Ensino e treinamento

O Maltês é um cão muito dócil, mas, também, pode ser agitado durante parte do dia. Essa agitação, especialmente nos filhotes, pode trazer alguns inconvenientes, pois o cãozinho pode resolver "aprontar", fazendo suas necessidades em locais inadequados ou mesmo danificando objetos da casa, só por "brincadeira".

Como a maioria dos cães de companhia, o Maltês se adapta muito bem ao convívio humano, mas é necessário que façamos uma adaptação do cãozinho à vida da sua nova casa, pois deve aprender a rotina diária, onde e quando deve fazer suas necessidades, onde pode e onde não pode brincar, não danificar móveis e outros objetos, "tratar bem" os visitantes, não morder etc.

O importante é sabermos que o treinamento deve ser feito o quanto antes, pois, quanto mais demorar, maior será a dificuldade para ensiná-lo. Depois de uma fase de aprendizado bem feita, a nossa tranquilidade será grande e, desta forma, poderemos aproveitar mais cada momento com nosso pequeno Maltês.

Não devemos nos esquecer, no entanto, de que, apesar de ser o maior amigo do homem e de todas as boas qualidades que possam ter, os cães são animais que, como todos os outros, possuem fortes instintos naturais. Por essa razão, devemos orientá-los, ensinando-os e os treinando para que se adaptem, da melhor maneira possível, à vida junto aos seres humanos, especificamente, junto à sua nova família. As bases desse ensino são a obediência e o aprendizado que eles devem adquirir, especialmente no caso de cães de companhia, como o Maltês, cuja convivência diária pode se tornar um pouco "complicada", caso o treinamento não seja iniciado desde cedo, como poderemos verificar neste capítulo.

Para que obtenhamos bons resultados, no entanto, são necessárias paciência e perseverança. Não devemos desanimar, mesmo que isso exija um pouco mais de trabalho, pois é desse início que vai depender toda a relação entre o cão e seu dono, todas as pessoas que o cercam e o ambiente em que vivem.

O objetivo desse ensino ou treinamento, não é o de dominar os cães ou quebrar o seu orgulho, a sua vontade ou o seu "caráter", mas apenas o de orientá-los e ensinar-lhes algumas coisas que devem aprender para melhor se adaptarem à vida em companhia de sua família humana, o que, muitas vezes, os obriga a controlar ou reprimir alguns de seus instintos ou hábitos naturais.

Devemos procurar fazer a maior aproximação possível com os cães, mas, ao mesmo tempo, mostrar-lhes que nos devem reconhecer como seus líderes, por nossa autoridade e pela justiça com que os tratamos. Isso não é fácil, porque seus ancestrais, quando viviam em matilhas, tinham um só "chefe" ou líder, o respeitavam e o obedeciam, mas lutavam pela liderança ou comando do seu bando quando percebiam que ele vacilava nas atitudes ou ficava velho.

Como os cães variam muito de temperamento, inteligência etc., não há "receitas" ou fórmulas rígidas para ensiná-los, principalmente se levarmos em consideração que os cães se adaptam ao temperamento e aos hábitos do seu dono.

Ao ensinarmos os cães, devemos nos lembrar sempre de que, sendo animais, determinados hábitos, para eles, não são maus, mas apenas normais ou instintivos.

Ensinar os cães, portanto, é induzi-los e acostumá-los a fazer, com agrado e boa vontade, coisas que os tornam agradáveis e úteis e, ainda, evitar que mantenham hábitos indesejáveis para a nossa convivência.

Os cães da raça maltesa são considerados inteligentes e apresentam uma boa capacidade de aprendizado, especialmente se este for iniciado desde cedo.

8.1 Ensino

O ensino dos cães deve começar desde cedo, quando ainda estão mamando. O criador controla o seu comportamento ao mamar e, depois, quando ensina os cãezinhos a não roubarem comida dos pratos de seus irmãos ou companheiros, dizendo "Não", e os elogiando, dizendo "Muito bem!" etc., quando eles voltam para os seus próprios pratos.

Dessa maneira, os cãezinhos já começam a distinguir o tom da voz, quando é enérgica, zangada e de reprovação, do "Não" e quando é meiga, carinhosa, de aprovação ou uma forma de agradar.

Além disso, devemos nos lembrar de que os cãezinhos só devem começar a fazer passeios, depois de serem vacinados. Importante, também, é evitarmos que andem muito, porque os ligamentos das suas patas ainda são muito fracos e eles se cansam com facilidade.

8.2 Treinamento

O ensino dos cães deve começar desde cedo, sendo possível, para um Maltês, começar a aprender algumas regras ou ordens, a partir de 4 ou 5 meses de idade.

Os cães não entendem as palavras, mas apenas os sons. Por isso, os comandos devem ser dados com palavras curtas e de maneira enérgica nas ordens, meigas nos elogios, zangadas quando forem de represensões e carinhosas quando eles executarem um bom trabalho, obedecerem às ordens ou quando vão dormir.

As ordens dadas aos cães devem ser obedecidas imediatamente, sem dúvidas ou preguiça. Quando eles acertam e são elogiados, ficam com vontade de acertar, pois relacionam os acertos com os agrados.

Devemos nos lembrar sempre de que brutalidade, gritos ou impaciência nada resolvem e revelam, apenas, que a pessoa não tem condições ou conhecimentos para treinar cães.

8.3 Os cães não entendem as palavras

Como os cães não entendem as palavras, devemos ligá-las aos tons de voz, gestos e recompensas pois, eles associam os sons aos gestos e passam a entender melhor os comandos que lhes são dados.

As necessidades de ensinar e de treinar são as mesmas para todos os cães, para que eles possam entender os homens e com eles conviver da melhor maneira possível, principalmente os respeitando e obedecendo às suas ordens.

É, também, muito importante que o cão sinta certa energia e firmeza no seu treinador. Além disso, esse treinamento deve se tornar uma rotina para o cão e não deve ser interrompido, até que sejam obtidos os resultados desejados.

Como os cães variam muito em relação aos seus temperamentos, sentimentos etc., as pessoas mais indicadas para ensiná-los seriam os seus próprios donos, que os conhecem bem. Além disso, é preciso ter paciência para ensiná-los ou adestrá-los. Não podemos ter pressa, querendo ensinar-lhes várias coisas em pouco tempo, pois eles podem ficar confusos e os resultados poderão ser desagradáveis.

Muitas vezes, por falta de tempo ou de habilidade, não é possível ou indicado que o dono faça o treinamento do seu cãozinho sendo, por essa razão, necessário procurar um profissional de adestramento. O principal, no entanto, é que o cão reconheça seu dono como chefe ou líder. É necessário tratá-lo com energia, mas com ordens claras e com justiça, bondade e carinho, quando ele o merecer.

Essas ordens dadas ao cão vão, aos poucos, sendo substituídas por gestos, como verificaremos mais adiante.

8.4 Algumas regras

Temos, ainda, algumas regras que devem ser seguidas durante o ensino ou treinamento dos cães e a convivência com os homens.

Destacam-se, entre elas: não puni-los por alguma falta ou erro mas, ao mesmo tempo, dar-lhes oportunidade de repetir a ação e tentar acertar; estimular os cães, durante o ensino, através de elogios e até de recompensas, como guloseimas, quando o merecem, ou repreendê-los, quando for necessário.

Por mais inteligentes que sejam os cães, sua inteligência é limitada, indo apenas até certo ponto. Eles não deixam de "pensar" e de se comportar como animais. Por esses motivos, é necessário orientar e controlar o seu comportamento em certos casos como, por exemplo, no caso de uma briga.

Até cães que nunca brigaram, um dia têm a sua primeira luta, pois é da sua natureza lutar. Nessa ocasião, mesmo que seu dono o chame, o cão não o atende, pois não foge da briga, para não ficar "desmoralizado". Para separar uma briga, não adianta e não se deve bater nos cães, pois eles nem sentem as pancadas, sendo melhor jogar água no seu focinho e só tentar separá-los quando eles pararem de brigar. Quando não houver água, devemos agarrar as suas pernas traseiras e puxá-las para cima e para um dos lados, enquanto outra pessoa faz o mesmo, com o outro cão, pois isso termina com a briga. Não devemos tentar separar os cães pela frente, para evitar mordidas. Mesmo um cãozinho como um Maltês, pode nos causar ferimentos com sua mordida.

Quando dois cães, que sempre foram amigos, brigam, isto acontece apenas por uma herança de seus antepassados ou de sua origem, quando os cães lutavam pela liderança dos seus bandos.

Além de saber como agir em caso de briga entre cães, devemos sempre lembrar alguns fatos sobre esses animais, relacionados à convivência com o homem e com outros animais.

Os cães consideram o homem como seu chefe e líder indiscutível e consideram alguns outros animais seus inimigos naturais como, por exemplo, os gatos. Entretanto, quando são criados juntos desde pequenos ou quando a "apresentação" entre eles for bem feita, eles podem aprender a conviver em paz ou mesmo se tornarem "grandes amigos". Conhecemos casos de cadelas que amamentaram e "adotaram" gatinhos, zelando por eles, até mesmo depois de adultos.

8.5 A palavra "NÃO"

Quando um cão ouvir a palavra "Não", que sempre deve ser dita em tom enérgico ou zangado, deve parar, imediatamente, o que estiver fazendo.

Se ele, por exemplo, quando estiver roendo ou comendo alguma coisa, receber a ordem "Não" e continuar a fazer, pode ser "castigado". Esse castigo, no entanto, deve ser apenas uma forma de mostrar o desagrado pelo que estava fazendo e por não ter obedecido à ordem dada. Podemos, por exemplo, acertar uma vez o focinho do cão com uma folha de papel comum ou jornal pois, ela não machuca e faz barulho.

Por outro lado, quando o cão obedecer prontamente à ordem "Não", ele deve ser recompensado, com palavras de incentivo ("muito bem", por exemplo), para que perceba que seu dono gostou de ele ter obedecido ao comando. Podemos, também, oferecer alguma recompensa em forma de guloseima. Isso é bastante eficiente na fase em que estivermos ensinando o cãozinho a obedecer ordens.

Fazendo o cão obedecer à ordem "Não", poderemos evitar uma série de problemas como, por exemplo, que o cão ataque e morda alguém ou que destrua alguma coisa em casa.

Os Malteses são inteligentes e, se não forem tratados e ensinados com a energia necessária, percebem a fraqueza ou falta de energia do seu dono e podem até mesmo dominá-lo, passando a só fazer o que querem, passando a ser "os donos da casa", pois, todos nela passam a viver em função desses cães.

É necessário demonstrar-lhes o que queremos, pois eles não podem adivinhar o que devem fazer. Devemos saber, também, que os cães podem comunicar-se com os seres humanos, naturalmente, à sua maneira, bastando saber interpretá-los para compreendê-los através da sua "linguagem".

8.6 Como tirar as "manhas" dos cães

Não devemos deixar que os cãezinhos façam, quando pequenos, por mais engraçado que seja, o que não admitiremos que façam quando maiores como, por exemplo: pular sobre as pessoas, mesmo que para agradar, correr atrás de outros animais (aves, gatos etc.), roer objetos, "roubar" comida, latir demais, "sujar" em lugares inapropriados etc.

Devemos dar-lhes brinquedos como bolas, ossos artificiais etc., para que eles se acostumem a brincar e, quando ficarem sozinhos em casa, tenham com o que brincar e não peguem coisas que não devem, como almofadas, tapetes, sapatos etc., que certamente estragarão.

Existem ainda alguns produtos líquidos, disponíveis no mercado, que deixam no local em que forem aplicados um odor desagradável para o cão e, normalmente, inodoro para os seres humanos. O uso desse tipo de produto visa afastar o cão de um determinado local no qual ele, por exemplo, costume fazer, indevidamente, as suas necessidades ou no qual ele cause algum tipo de "destruição", como um sofá que seja mordido, arranhado ou rasgado. Esses produtos podem auxiliar os donos no ensino de seus animais, mas seu uso deve ser utilizado com cautela, pois, pode resolver um problema, mas sem que o cão, realmente, aprenda sua lição.

8.7 Como evitar que o cão arranhe a porta para entrar

Um cão pode ser colocado fora de casa, ficando no quintal, no jardim, na varanda ou na área de serviço. Muitas vezes, no entanto, ele quer entrar na casa e começa a arranhar a porta com as patas da frente, tentando abri-la ou para chamar a atenção de alguém que o deixe entrar.

Esse hábito deve ser combatido pois, além do barulho que o cão faz ao arranhar a porta, a estraga e, geralmente, ainda fica chorando ou ganindo.

Para evitar que isso aconteça, quando o cão começar a arranhar devemos abrir a porta, com energia, e dar-lhes a ordem "Não". Se o cão voltar a arranhar, tornamos a abrir a porta, dizemos "Não", com mais energia ainda e com uma folha de jornal enrolada ou um papel comum, também enrolado, acertamos o focinho do cão (sem machucar, apenas fazendo barulho) e repetimos "Não". Normalmente, isso é o suficiente para que o cão não arranhe mais a porta para entrar.

8.8 Não mexer nas coisas

O filhote deve ser impedido de mexer nas coisas e de roer tudo o que encontra: móveis, tapetes, sapatos, toalhas, enfeites, almofadas etc. O melhor é tirar do seu alcance tudo o que for possível, até que ele seja ensinado a não mais mexer no que não deve.

Para começar o treinamento, devemos dar-lhe brinquedos especiais, para que ele tenha o que fazer, brincando e se distraindo com eles e esquecendo os objetos da casa. Entre esses brinquedos, temos bolas especiais ou as de tênis que, rolando, o fazem persegui-las, satisfazendo o seu instinto de "caçador". Além disso, podemos dar-lhe um osso com cheiro bastante intenso (para o cão), pois isso atrai mais o animal do que qualquer outro objeto que possa encontrar.

É preciso, também, que o dono ensine ao seu cãozinho, o que é permitido e o que é proibido. Para isso, deve ensinar-lhe o significado da palavra "Não".

8.9 As ordens "NÃO" e "PEGA"

Cremos que sejam as mais importantes ordens dadas aos cães e que devem ser obedecidas imediatamente porque:

- a primeira, "NÃO", é uma garantia de fazer o cão parar imediatamente o que estiver fazendo, seja o que for, e que não queremos que ele faça. Esta ordem poderá evitar vários acidentes como, por exemplo, quando o cãozinho estiver prestes a mexer em algo perigoso ou que possa vir a quebrar;

- a segunda, "PEGA", exatamente, é contrário da primeira, fará com que o cão pegue imediatamente o que o dono mandar, seja um objeto ou, ainda, se for o caso, "avance" em uma pessoa ou outro animal. No caso específico do Maltês, por se tratar de um cão de companhia, de pequeno porte, esta ordem é importante para pegar objetos e pouco relevante para qualquer tipo de ataque.

Um bom treinamento, que sempre traz os melhores resultados é, justamente, o "NÃO" e o "PEGA". Para isso, devemos proceder da seguinte maneira:

1. pegamos um objeto, de preferência já conhecido do cão, em suas brincadeiras, e o prendemos na ponta de uma cordinha de dois a três metros de comprimento;
2. fazemos o cão ficar parado e de frente para nós, mais ou menos à distância do comprimento da cordinha;
3. começamos, então, a girar a cordinha, bem devagar, fazendo com que o objeto preso a ela se movimente em círculos, passando perto de onde está o cão, que o fica acompanhando com a vista. Dizemos "NÃO", a cada passagem do objeto, um pouco mais alto do que a cabeça do animal;
4. a certa hora, damos a ordem "PEGA" e incentivamos o cão a abocanhar o objeto quando passar perto dele. Depois que o cãozinho tiver abocanhado o objeto, devemos mostrar que estamos felizes com o que ele acabou de fazer. Para isso, fazemos carinho, dizendo "Muito bem", "Parabéns", etc., sempre em tom de aprovação. Dar um petisco nessa hora, também é eficiente;
5. voltamos a rodar a cordinha e vamos, depois, alternando as ordens "NÃO" e "PEGA" e, ao mesmo tempo, também vamos aumentando a velocidade e a altura do objeto, em relação ao cão.

Esse exercício, além de ser muito bom para ensinar obediência ao cão, é ótimo para o seu preparo físico e para treinar sua agilidade em saltar e pegar objetos em movimento, o que o cãozinho, depois de certo tempo, faz com uma precisão extraordinária.

8.10 "PEGA" e "LARGA"

Em uma segunda etapa do exercício anterior, quando o cão já estiver bem treinado, devemos ensinar-lhe a obedecer a uma nova ordem: "LARGA". Para isso, devemos:

1. pegar o mesmo objeto utilizado no exercício anterior, jogá-lo à distância e, ao mesmo tempo, dar ao cão a ordem "PEGA". O cão obedece, vai buscá-lo, e quando chega de volta com o objeto, senta-se à nossa frente;
2. nesse momento, damos a ordem "LARGA" e o cão, imediatamente, solta o objeto no chão.

8.11 Andar junto ao dono

Quando desejarmos passear com o cão, é necessário ensiná-lo a andar junto, no mesmo passo ou na mesma velocidade, sem parar a toda hora. Para isso, devemos treiná-lo da seguinte maneira:

1. fazer o cão andar, sempre, do nosso lado esquerdo e na mesma direção;
2. quando ele se afastar, batemos com a mão na nossa perna esquerda e, ao mesmo tempo, damos a ordem "JUNTO";
3. devemos andar sempre, mais ou menos, no mesmo passo que o cão, não o deixando avançar ou atrasar, para o que puxamos sua guia;
4. nas primeiras aulas, devemos andar somente em linha reta e, depois, nas aulas seguintes, em diversas direções;
5. as aulas devem ter uma duração de 10 a 20 minutos, pois não devemos cansar muito o animal;

6. nunca bater no cão com a guia, para que ele não associe a guia a um castigo;
7. devemos, ainda, elogiar e até acariciar o cãozinho, sempre que ele fizer bons exercícios;
8. só "castigar" em caso de desobediência repetida, mas nunca uma punição física, pois devemos somente "ralhar" com o animal e, ainda, mostrarmos que estamos muito "chateados" ou "aborrecidos" com ele;
9. quando ele fizer algo errado, devemos dizer-lhe, energicamente, "NÃO" e quando o merecer, devemos agradar-lhe com um "MUITO BEM".

Quando o cão já anda normalmente ao nosso lado, sem a necessidade de puxões na guia, isso indica que ele já pode ser treinado sem ela. O melhor é, no primeiro dia de treinamento, mantê-lo na guia mas, durante a caminhada, soltá-la, sem que ele o perceba, mas sempre andando e dando as ordens. Não havendo problemas, podemos continuar os exercícios sem a guia, mas, se necessário, basta prendê-lo outra vez e retomar os exercícios.

Durante as "aulas", devemos conversar com o cão, para que haja uma maior interação entre ele e nós, mas, ao mesmo tempo, devemos manter a guia esticada, sem forçá-la, para que possamos puxá-la com rapidez, se for necessário.

8.12 Sentar

É um treinamento muito fácil. Basta, com o cão parado, fazer o seguinte:

1. com uma das mãos, puxamos a guia para cima;
2. com a outra mão, fazermos uma pressão para baixo, sobre a anca ou a garupa do cão e ficamos, assim, mantendo-o sentado;
3. se ele tentar se levantar, nós o forçamos a permanecer sentado, sempre com a ordem "SENTA", e o elogiamos, se ele obedecer.

Sempre que tivermos que forçar a anca do cãozinho para que ele sente, esse movimento deve ser acompanhado da ordem "SENTA".

8.13 Deitar

Para obtermos os resultados desejados, devemos:

1. obrigar o cão a sentar-se;
2. pegando seus membros anteriores, os levantamos e os esticamos um pouco para frente e os colocamos no chão;
3. a seguir, devemos fazer uma pressão para baixo, sobre sua cernelha (costas);
4. damos a ordem "DEITA" e o obrigamos a permanecer nessa posição, até receber uma nova ordem.

Outra maneira de fazer o cão deitar é, com uma das mãos, pegar a guia, junto à coleira, forçá-la para baixo e ao mesmo tempo, com a outra mão, forçar o seu corpo, também para baixo.

Com algumas aulas, ele passará a obedecer e se deitará, imediatamente, se receber a ordem para isso, e ficará deitado, mesmo que saiamos de perto dele, até receber uma nova ordem para se levantar.

8.14 Vir até onde está o dono

Quando for chamado, o cão deve obedecer imediatamente à ordem "AQUI" e vir correndo, diretamente na direção do seu dono, não parando para nada. Para que ele o faça de boa vontade, no entanto, é necessário que, ao chegar, no princípio do treinamento, receba agrados, elogios e até guloseimas, mesmo que ele não obedeça exatamente como deveria. As falhas deverão ser corrigidas durante as aulas, pois o cão sabe que vai ser "agradado" no princípio de todas elas.

Se necessário, nas primeiras aulas, o cão pode ser preso a uma guia longa, de 10 ou 20 metros de comprimento, para ser puxada quando o cão não obedecer imediatamente à ordem "AQUI" e não vier correndo para o seu dono.

Ao chegar, o cão tem que sentar-se em frente ao treinador e assim permanecer, até receber nova ordem, em geral, "JUNTO", para ele se colocar sentado do lado esquerdo.

Quando o cão não vier, atendendo ao chamado, nunca devemos ir até onde ele está ou dele nos aproximarmos. Temos sempre que obrigá-lo a obedecer ou puxá-lo com a guia.

O cão pode ser treinado, da mesma forma, para atender ao chamado do dono, por um assovio ou até por um apito. Entretanto, este não é um procedimento muito utilizado para pequenos cães de companhia, como o Maltês.

8.15 Parar de latir

Devemos ensinar o cãozinho a parar de latir ou a calar-se, ficando quieto, quando o desejarmos ou em caso de necessidade (se o cão começar a latir em horário inapropriado). Para isso, usamos a ordem "QUIETO".

O seu treinamento consiste em mandar o cão latir e depois, dar o comando "QUIETO", para ele se calar. Repetindo várias vezes, ele aprende logo a lição.

Como fazemos para ensiná-lo qualquer outro comando, o cão deve receber elogios, carinhos e até mesmo guloseimas, quando obedecer prontamente à ordem dada.

8.16 Recusar comida achada ou oferecida por estranhos

Esse treinamento costuma ser muito utilizado para cães de guarda, não sendo o caso do Maltês. Entretanto, muitas pessoas que possuem esse cão, moram em casas e estão sujeitas a que pessoas estranhas, que passem pela rua, ofereçam comida inapropriada ou mesmo, deliberadamente, envenenada. Por este motivo, acreditamos ser importante ensinar ao Maltês a recusar comida achada ou oferecida por estranhos.

A primeira providência para isso é ensinar ao cão, desde pequeno, a só comer no seu prato e sempre no mesmo horário. O melhor, também, é não colocar o prato no chão, mas sobre um apoio qualquer, como um pequeno banquinho ou um suporte de qualquer tipo, e sempre no mesmo lugar. O cão não deve, também, ficar em volta da mesa na hora das refeições ou andando pela cozinha, recebendo pedaços de comida, doces, pães etc., ou os catando no chão, pois isso atrapalha completamente o seu treinamento.

Além disso, quando o cão estiver acostumado a comer a qualquer hora, quando sentir fome, provavelmente passará até a roubar alimentos porque, para ele, catar migalhas no chão ou tirar um assado inteiro da mesa, é a mesma coisa.

Para ensiná-lo a não comer o que encontra ou o que lhe é dado por estranhos, devemos segurá-lo na guia e pedir a um estranho que lhe jogue um pedaço de carne ou uma guloseima. Quando o cãozinho tentar abocanhá-la, dizer "NÃO", com toda a energia. Se ele insistir, devemos dar-lhe um forte puxão com a guia, para que sinta a força do nosso comando e, ao mesmo tempo, repetir-lhe "NÃO".

Depois de repetir essa lição, o cão não tenta mais comer a carne ou a guloseima. Quando isso acontecer, passamos à segunda etapa do treinamento. Ela consiste em, sem que o cão o perceba, colocar um pedaço de carne ou guloseima em um lugar qualquer em que costumamos ficar com ele como, por exemplo, uma praça ou um jardim e depois o soltamos.

Logo que ele a descobrir e tentar comê-la, dizemos "NÃO", com energia, e embora ele não a toque, ficará perto da carne. Chegamos, então, perto dele, mandamos que deite, apontamos para a carne e repetimos "NÃO". Depois, vamos nos afastando devagar e de longe continuamos a vigiá-lo, para ordenar-lhe novamente, se necessário, com a palavra "NÃO".

Outra etapa neste treinamento é ordenar-lhe "FIQUE LÁ" e nos afastarmos saindo da vista do cão, mas ficando escondidos para vigiá-lo.

Para completar seu treinamento, devemos espalhar as mais variadas comidas em diferentes lugares, sempre vigiando o cão para ordenar-lhe "NÃO" quando tentar comer alguma delas. Repetir a lição, quantas vezes forem necessárias, até que ele não mais tente comer as coisas que encontra.

Quando, no entanto, o cão não quer aprender, não obedece às ordens e pega as comidas que encontra, podemos adotar outro método que é o das **iscas com gostos desagradáveis** para ele como, por exemplo, a pimenta.

O cão ensinado a só comer comida dada por seu dono ou em sua casa, poderá se livrar de sofrimentos e até da morte por envenenamentos causados por alimentos estragados que encontre ou por iscas envenenadas que lhe poderão ser oferecidas por pessoas que, por algum motivo, dele queiram se livrar.

Kenzo – macho – 1 ano – Jovem Campeão, Grande campeão e Campeão Panamericano – Canil Little Crystal – Prop. Diogo Salas Ortiz

Vision – Macho – 2,5 anos – Grande campeão, Campeão Panamericano e Internacional – Canil Little Crystal – Prop. Diogo Salas Ortiz

Sammy – fêmea – 2 anos – Grande Campeã e Campeã Panamericana Canil Little Crystal – Prop. Diogo Salas Ortiz

Capítulo 9

Escolha e aquisição do filhote

Quando alguém resolve ter um cão, deve levar em consideração uma série de fatores entre os quais:

1. os cães são animais e não objetos ou máquinas e que, por esses motivos, são sensíveis às dores, aos maus tratos e, principalmente, ao desprezo e ao abandono;
2. eles possuem sentimentos como os de afeto, carinho, alegria, tristeza, amor, ódio, raiva etc.;
3. eles sentem e sofrem como os humanos e, por esse motivo, não devem ser maltratados;
4. terá de mantê-lo mais de 10 anos, tratando-o sempre com todo o cuidado e carinho.

Além disso, deve-se lembrar, também, de que nunca, mas nunca, mesmo, poderá soltá-lo, abandonando-o pelas ruas, pois o estará submetendo a muitos sofrimentos, porque ele ficará sem um abrigo e também passará fome. Cães abandonados passam por grandes sofrimentos psicológicos, como se fossem crianças bem pequenas. Podem ser atropelados ou sofrer nas mãos de pessoas de má índole, comer restos de comidas estragadas e adoecer com facilidade. O abandono de animais, além de ser crime, é um ato de extrema maldade com o animalzinho.

Os cães possuem, também, sentimentos puros, entre os quais estão os de amizade e de lealdade a seus donos e uma boa convivência com os seus familiares.

Para não tratar bem os cães, como eles merecem, o melhor é não possuir nenhum desses animais.

Por esses motivos, antes de adquirir um cão, devemos nos lembrar de que teremos de conviver com ele durante muitos anos, mantendo um relacionamento cordial e de muita amizade, o que só é possível se gostarmos muito desses animais.

Não devemos esquecer que os cães possuem hábitos, instintos e atitudes de animais, o que deve ser respeitado, pois fazem parte do seu modo de ser.

Eles são animais inteligentes que, quando selvagens, viviam em matilhas. Além disso, lutavam para ser os chefes da sua matilha ou do seu bando.

Quando começaram a viver com os humanos, eles passaram a considerar as pessoas com as quais conviviam como os seus líderes absolutos.

Filhote macho – 55 dias – Canil Encrenquinhas – Prop. Viviane G. Cintra Almeida

Fêmea com 50 dias – Canil Encrenquinhas – Prop. Viviane G. Cintra Almeida

Por esse motivo, devemos demonstrar ao cão que, realmente, o líder somos nós, pois, se não o fizermos, ele passará a se sentir o líder que imporá sua vontade a todos ao seu redor, passando a ser o dono da casa, cuja vida e movimentação girará em torno dele. Muitas pessoas que nunca tiveram cães não acreditam que um pequeno cãozinho passo "dominar" toda uma família mas, depois que isso se torna realidade é mais difícil para reverter o quadro.

Nós mesmos podemos escolher o cão que desejamos, neste caso, o Maltês. Quando, no entanto, não conhecemos bem, especialmente as características das raças, o melhor é nos aconselharmos com uma pessoa experiente no assunto, para que possamos adquirir um bom animal.

Para adquirirmos um cão, devemos levar em consideração uma série de fatores, entre os quais: idade (filhote, jovem ou adulto), tamanho (padrão da raça), sexo, temperamento, personalidade, função (companhia, guarda, trabalho, reprodução ou para exposições) e preço.

Filhotes com 50 dias – Canil Encrenquinhas – Prop. Viviane G. Cintra Almeida

Filhote – 2,5 meses – Canil Little Crystal – Prop. Diogo Salas Ortiz

9.1 Aquisição e garantias

Quando compramos um cão, para evitarmos algum problema técnico ou legal, devemos exigir do vendedor:

1. um **recibo** ou documento de compra e venda no qual conste, principalmente, o valor da transação;
2. a **tarjeta**, que é um certificado de registro emitido por uma entidade oficial filiada à Associação Cinológica Brasileira;
3. o **pedigree**, também emitido por uma entidade cinológica oficial, filiada à FCI (*Fédéracion Cinologique Internacionale*). Quando se tratar de um pedigree estrangeiro, o melhor é consultar um Kennel Club, para confirmar sua validade;
4. **atestado de saúde**;
5. **carteira de vacinação,** inclusive contra a raiva.

O cão poderá, ainda, ser vendido castrado e com um chip de identificação, implantado subcutaneamente no animal. Nesse caso, as garantias para o comprador são ainda maiores e, pelo fato de o cãozinho já ser castrado, não haverá problemas causados pelo cio, reprodução indesejada e, principalmente, inúmeros problemas de saúde que ele poderia apresentar durante sua vida, tanto os machos, quanto as fêmeas, se não forem castrados.

9.2 Puro ou mestiço

Quando desejamos um cão somente como animal de estimação e não para a reprodução ou para apresentar em exposições, as exigências em relação às suas características podem ser menores, permitindo uma boa economia na sua compra, porque bons reprodutores ou animais de alto nível zootécnico são muito caros. É necessário, no entanto, levar em consideração alguns fatores, como verificaremos a seguir.

É preferível adquirirmos um Maltês puro (de preferência com pedigree) a um mestiço, por uma série de razões, entre as quais: o temperamento do cão puro é conhecido, mas imprevisível nos mestiços, não sendo conhecida a raça ou a ascendência do cão que cruzou com o Maltês puro para produzir o mestiço, não poderemos prever de que tamanho ficará o filhote quando adulto etc.

9.3 Fêmea ou macho

Normalmente, quando vamos decidir de que sexo adquirir um cão de companhia, devemos considerar alguns fatores, entre os quais, os mencionados abaixo.

9.3.1 Fêmea

Costuma ser mais calma, meiga, atenciosa, dócil e carinhosa do que o macho. Gosta mais de brincar, parece ser mais apegada ao dono e ter por

Babalu 2 – fêmea – 3 meses – Canil Encrenquinhas – Prop. Viviane G. Cintra Almeida

ele maior dependência. Segundo alguns autores, ela também é mais atenta ao ensino e ao treinamento do que o macho.

A cadela, no entanto, entra em cio de seis em seis meses, o que é inconveniente porque, nessa época, ela tem o sangramento, podendo sujar tapetes, poltronas, camas etc. Isso, no entanto, pode ser evitado se forem tomadas providências como, por exemplo, colocar-lhe uma fralda especial. Além disso, quando está no cio, ela exala um "cheiro" típico, para atrair os machos para o acasalamento. Por esses motivos, quando o objetivo é ter um cão somente para companhia, geralmente é adquirido um macho.

Quando, porém, a pessoa deseja ter um filhote do animal que está adquirindo ou iniciar uma criação, o melhor é escolher uma boa fêmea, porque será muito fácil conseguir um excelente macho para acasalá-la, pagando uma taxa de cobertura ou cedendo ao dono do reprodutor um filhote, por ele escolhido, na ninhada.

A fêmea leva uma desvantagem quando termina o cio ou quando desmama uma ninhada, porque não apresenta mais as suas boas condições físicas de antes, só as readquirindo depois de algum tempo de muito trato e boa alimentação.

Naturalmente, quando a cadela está no cio deve ser "presa", ficando isolada para evitar que algum macho dela se aproxime e faça o acasalamento. Por esse motivo, se não houver possibilidade de serem tomados esses cuidados, o melhor é não adquirir uma fêmea, evitando, assim, os acasalamentos indesejáveis que muitas vezes, trazem sérios problemas para o dono da cadela.

Outro inconveniente de uma fêmea no cio é não poder entrar em exposições e competir porque, com o cheiro típico que exala nessa época, atrai e excita todos os machos presentes, perturbando os trabalhos e o andamento da exposição, embora o seu comportamento seja o mais normal possível.

De qualquer forma, uma boa solução é comprar uma fêmea castrada ou fazer a castração depois da aquisição. O melhor é que a fêmea sofra a cirurgia o mais cedo possível para que não tenha tempo de adquirir alguns hábitos das fêmeas não castradas.

9.3.2 Macho

É normalmente maior, mais forte, musculoso, dominador e menos delicado, meigo e carinhoso do que a fêmea.

Quanto ao trabalho, não há muita diferença entre fêmeas e machos, pois, como exemplos, podemos mencionar que, tanto um macho quanto uma fêmea podem ser ótimas companhias, excelentes guardas, bons cães de caça, eficientes boiadeiros etc., dependendo da sua raça.

Os Malteses não fogem a essa regra pois, tanto os machos quanto as fêmeas podem ser excelentes cães de companhia, meigos, carinhosos e amigos fiéis do seu dono, além de conviver bem com todas as pessoas que moram na sua casa.

Devemos lembrar, no entanto, que os machos, normalmente, são mais agressivos uns com os outros, principalmente quando não se conhecem. Mesmo machos que sempre viveram juntos desde pequenos, e até irmãos nunca brigaram, certo dia podem entrar em luta.

Filhote macho – 2,5 meses – Canil Encrenquinhas – Prop. Viviane G. Cintra Almeida

9.4 Idade para aquisição

A melhor época para adquirirmos um filhote, é quando ele está com seis a oito semanas de idade, logo após ser desmamado, porque é nessa fase de vida que ele está abrindo os olhos para o mundo, passando a conhecer o ambiente em que vive, a ele se adaptando e aprendendo a enfrentar as mais diversas situações. Além disso, já começou a tomar as vacinas, ficando mais protegido contra diversas doenças. Portanto, a principal vantagem em adquirir um filhote com 60 dias ou mais é o fato de, nessa idade, ele já ter tomado a primeira dose de todas as vacinas principais.

Devemos, no entanto, levar em consideração outros fatores, entre os quais, o que mesmo um cão de mais idade pode se adaptar a um novo lar e se afeiçoar ao seu novo dono, tornando-se seu amigo. Entretanto, quando se tratar de um cão adulto, isso já se torna um tanto mais difícil. Outros fatores importantes a serem analisados, antes da compra, são o temperamento do filhote (calmo, vivo, agitado, nervoso, agressivo etc.), para que combine com o do seu dono e não lhe crie problemas, e o tempo de que dispomos para tratá-lo e a ele nos dedicarmos.

9.5 Resolvida a compra

Quando desejarmos escolher bem um filhote de Maltês, se desejarmos, podemos estudar tudo sobre a raça em revistas, livros etc., visitar exposições e, se possível, acompanhar os julgamentos; conversar com criadores e donos de pet shops, visitar criações e canis para ver como são criados os filhotes e tratados os cães, a sua higiene, medidas sanitárias etc. É muito importante conhecermos a cadela, a ninhada na qual vamos escolher um filhote e, também, o pai dos cãezinhos. Entretanto, se não desejarmos ter todo esse "trabalho", o melhor é adquirir o filhote de um canil ou pet shop idôneo, que seja conhecido e que venda o animal com todas as garantias, carteira de vacinação (já com as primeiras doses aplicadas), pedigree, castrado, com micro chip etc.

Filhote – 2,5 meses – Canil Little Crystal – Prop. Diogo Salas Ortiz

Fêmea com 70 dias – Canil Encrenquinhas – Prop. Viviane G. Cintra Almeida

Devemos nos informar, também, sobre os preços de venda, para verificar se eles estão de acordo com os concorrentes no mercado pois, os valores podem variar bastante.

9.6 Escolha do filhote

Depois de decidida a compra de um filhote de Maltês, a primeira questão é saber onde adquiri-lo, o que pode ser feito em uma grande ou pequena criação, em um canil ou em um pet shop, desde que sejam idôneos, para evitar problemas, não só na aquisição, mas que possam aparecer mais tarde.

Resolvido, também, de que sexo será o filhote, passamos a escolhê-lo na ninhada, mas, de preferência, só examinando os do sexo que desejamos, respeitando as seguintes características:

- não apresente nenhum sinal de nanismo;
- não seja tímido ou agressivo;
- seja o mais desenvolvido ou precoce, embora, às vezes, ele possa crescer muito e ultrapassar o tamanho desejado;
- possua uma boa conformação;
- seja o mais esperto, vivo, alegre e com os seus movimentos normais;
- possua boa audição, ouvindo bem os ruídos ao seu redor;
- sem nenhum defeito externo, inclusive de aprumos;
- seja sadio;
- sua visão seja perfeita, com os olhos vivos e brilhantes, sem lacrimejamentos, mucosidades, etc.;
- nariz úmido;
- pelagem característica da raça, bonita e sem nenhum defeito, como manchas, falhas, crostas etc.;
- não apresente pelos fracos ou foscos;
- possua pelos lisos e brilhantes e pelagem fina e sedosa;

Babalu – fêmea – 3 meses – Canil Encrenquinhas – Prop. Viviane G. Cintra Almeida

Filhote macho – 4,5 meses – Canil Encrenquinhas – Prop. Viviane G. Cintra Almeida

- tenha apetite normal;
- não esteja gordo demais;
- possua a pele lisa, esticada e untosa;
- não apresente feridas, crostas ou calombos pelo corpo;
- não apresente coriza, resfriado ou diarreia;
- não possua corrimento anormal como pus, sangue etc., pelo corpo ou que seja nasal, vaginal, anal etc.;
- esteja limpo, sem sinais de urina nos pelos ou de "sujeiras", principalmente de fezes em volta do ânus;
- sua dentição deve ser normal;
- deve possuir todas as características da sua raça, como pelagem, tamanho (para cada idade) etc.;
- a fêmea deve possuir o aparelho reprodutor perfeito;
- o macho deve ter todos os órgãos genitais externos perfeitos, com os dois testículos na bolsa ou saco escrotal pois, a falta de um deles (monorquídio) ou dos dois (criptorquídio) é um defeito grave, inutilizando o cão para a reprodução.

Só devemos adquirir um cão, qualquer que seja o seu tamanho, idade ou raça, após ele haver sido submetido a um completo e rigoroso exame, realizado por um médico veterinário.

Naturalmente, quanto mais idade tem o filhote, maior é a garantia de fazermos uma boa escolha porque, com o crescimento, suas características vão se acentuando e, por isso, só devemos adquirir um cachorrinho com, no mínimo 45 dias de idade.

Filhote fêmea com 30 dias
Canil Encrenquinas
Prop. Viviane G. Cintra Almeida

9.7 Surdez

Todos os filhotes nascem surdos, mas, alguns dias depois, passam a ouvir normalmente. Em uma ninhada, no entanto, algum filhote pode nascer realmente surdo, não escutando os sons normais como gritos, assobios, os chamados das pessoas, barulhos de carros, de portas, de janelas etc.

Ele é sempre o último a sair do ninho para se alimentar, fazer as suas necessidades ou só para passear, porque acompanha seus irmãos que saem assim que ouvem o chamado do dono. Quando o cão é surdo, não faz, também, o gesto que todos os cães fazem instintivamente, mesmo quando ainda são filhotes: levantar imediatamente a cabeça e as orelhas e as virando na direção do barulho, para identificá-lo. Por esse motivo devemos, normalmente, controlar o comportamento dos filhotes que são sempre os últimos a saírem do ninho, suspeitos de não escutarem bem.

Filhote – 2,5 meses – Canil Little Crystal – Prop. Diogo Salas Ortiz

Quando houver suspeita de surdez, o filhote deve ser submetido a testes para verificar sua capacidade auditiva, ou seja, se ele é surdo ou qual o grau da sua surdez. Esse teste é muito simples, pois basta chamarmos o filhote, assobiarmos, fazermos barulho batendo com um objeto em uma vasilha qualquer etc., mas fazendo sons diferentes. Com esse procedimento, podemos chegar às seguintes conclusões:

1. o filhote ouve normalmente;
2. ele não escuta muito bem e qual é o seu grau de surdez e
3. ele é realmente, surdo.

O cão que tiver algum problema de audição deve receber cuidados especiais pois, por exemplo, se o soltarmos livremente, poderá ser atropelado ou sofrer outro tipo de acidente, em decorrência da surdez.

9.8 Após a aquisição do filhote

Logo depois de adquirimos o filhote, devemos levá-lo a um médico veterinário que lhe fará um exame geral, dará uma boa orientação sobre a sua alimentação e o seu manejo, receitará um vermífugo, indispensável nessa época da vida do filhote, e iniciará o esquema de vacinação, caso o cãozinho ainda não tenha recebido as primeiras doses antes da venda.

Fêmea com 45 dias – Canil Encrenquinhas – Prop. Viviane G. Cintra Almeida

Capítulo 10

Higiene, cuidados e tosa

10.1 Olhos e ouvidos – cuidados e limpeza

Os Malteses, devido às características que apresentam seus olhos e ouvidos, têm uma tendência a sofrer lesões que vão de simples irritações a graves afecções ou infecções, com ou sem supurações, pois eles são bastante sensíveis a estes problemas.

As lesões nos olhos, quando muito graves, podem levar à cegueira parcial ou total dos animais, da mesma forma que as localizadas nos ouvidos ou nas orelhas, podem provocar surdez, também parcial ou total.

Os Malteses apresentam uma tendência para sofrer inflamações, tanto nos olhos quanto nos ouvidos.

Para reduzi-las, a primeira providência a ser tomada é fazer, regularmente, uma higiene rigorosa nesses locais, de preferência, uma vez por semana, pois esta providência concorre para diminuir a sua incidência, ou mesmo, para que elas não mais ocorram.

10.2 Como e onde fazer suas necessidades

Quando o cão tem vontade de "fazer cocô" ou "xixi", ele logo procura o lugar que lhe foi destinado para isso, pelo seu dono, ou seja, uma folha de jornal, um pedaço de papel ou um tapete higiênico, que nada mais é do que uma grande "fralda" descartável, em forma de tapete, que tem a capacidade de absorver a urina, sem que escorra pelo chão.

Outro local bastante utilizado para que os cães façam suas necessidades é a rua. As caminhadas diárias com os cães podem ser bastante saudáveis pois, além de permitirem que façam "xixi" e "cocô" à vontade, são oportunidades para que o cão se exercite, principalmente os Malteses, que costumam morar em apartamentos e sair pouco de casa. Neste caso, porém, os donos precisam ser responsáveis e saírem munidos de sacos plásticos ou outras formas de recolher as fezes de seu cãozinho, mantendo a rua limpa, demonstrando educação, higiene e civilidade.

10.3 Banheiro para os filhotes

Os cãezinhos, normalmente, defecam logo depois que terminam cada refeição, o que é um fenômeno normal, porque a entrada de alimentos no estômago estimula o funcionamento dos intestinos. Devemos, por isso, destinar um local especial para eles fazerem suas necessidades, e o mais perto possível dos seus pratos de comida ou do seu ninho. Basta levá-los ao "banheiro", logo que acabam de comer, para que eles se acostumem a fazer aí as suas necessidades pois, em pouco tempo, eles já vão sozinhos, facilitando muito a limpeza da área por eles usada, dentro ou fora da casa ou do canil.

As evacuações vão ficando mais espaçadas, à medida que os filhotes vão ficando mais velhos, mas ocorrem, geralmente, nas mesmas horas. Como os cães adultos recebem refeições 1 ou 2 vezes ao dia, isso facilita muito os trabalhos de limpeza ou de levá-los "para passear", ou seja, para fazer as suas necessidades na rua, o que já sofre sérias restrições devido às proibições e multas impostas por serviços sanitários de muitas prefeituras, quando o cão "suja" a rua.

Importante é que, mesmo em casas ou apartamento, podemos colocar um tabuleiro com jornais, papéis ou areia no fundo e também um desinfetante, para servir de banheiro para os cães.

10.4 Cuidados com a pelagem

As práticas mais frequentes e importantes para mantermos a pelagem dos Malteses, sempre bem cuidada e mais bonita são:

1. escovação;
2. tosa;
3. banho.

10.5 Pelos e pelagens – tosas e penteados

Não existe um tipo de tosa especial para o Maltês e ele, normalmente, não deve ser tosado, mas apenas submetido a um "triming", ou seja, pequenos retoques, bastante simples que, nesse cão, se resume em aparar os pelos do animal para que eles não fiquem compridos demais e para evitar o denominado efeito conhecido como "cauda de noiva", que dificulta muito os seus movimentos, até mesmo para andar, devido aos pelos compridos que vão se arrastando pelo chão, como uma "cauda de noiva".

Para os Malteses participarem de exposições, não há dúvida, sua pelagem deve ser mantida intacta, sem tosar e a mais longa possível, sendo preservadas todas as suas características raciais aprovadas pelas entidades cinológicas oficiais.

Para os cães dessa raça, que não participam de exposições ou que são classificados ou empregados como reprodutores, é prático e interessante fazer cortes curtos em sua pelagem, pois isso facilita o seu trato e diminui o trabalho para a sua manutenção, porque as escovações podem ser feitas com intervalos maiores entre elas.

Quando o comprimento dos pelos, após o corte, atinge de 5 (cinco) a 10 (dez) centímetros, basta que neles seja feita somente uma escovadela por semana, para que fiquem bem tratados e com um aspecto bastante agradável e bonito.

10.6 Tosas

Normalmente, a tosa preferida ou adotada é a "tosa filhote", que é feita para deixar os pelos dos Malteses, com cerca de apenas dez centímetros de comprimento ou menos.

Esse cão, muitas vezes, apresenta vários tipos ou variedades de tosas, semelhantes ou até mesmo cópias das normalmente empregadas em outras raças caninas.

10.6.1 Tosa higiênica

É uma tosa especial, cujo objetivo principal é facilitar a higiene e a limpeza do Maltês, evitando que ele se suje quando está fazendo as suas "necessidades".

Esse tipo de tosa deve ser feito em todos eles – inclusive nos de pelos curtos – a intervalos regulares de três em três semanas para que ele possa manter uma boa higiene.

As tosas, quando não são feitas em todo o animal, devem ser realizadas nas seguintes regiões:

1. ao redor do ânus, para evitar que as fezes sujem essa região e se grudem nos pelos aí existentes;
2. entre os dedos do animal;
3. debaixo das patas dos cães, para evitar que, quando andem, pisem sobre os pelos aí existentes, o que os incomoda e pode até causar queda por provocaremescorregões;
4. nos machos, devem ser aparados também os pelos existentes no ventre, próximos ao pênis;
5. os bigodes e a barba devem ser tratados com todo o cuidado e de modo especial. Isso é necessário porque, devido às secreções que saem pelas narinas do cão e, também a um excesso de lágrimas que podem ocorrer quando os olhos ficam irritados ou com alguma

lesão mais acentuada, essas secreções não só sujam esses locais, mas lhes dão um aspecto bastante desagradável. Esse fato ocorre, mais comumente e de maneira mais acentuada, quando os cães estão bebendo ou comendo. Por esses motivos, é aconselhável que essas regiões sejam examinadas todos os dias e com muito cuidado, e, quando necessário, sejam enxugadas e limpas, para que os pelos não sofram danos.

Criadores ou donos de Malteses preferem, muitas vezes, manter os pelos presos com "chucas" pois, com essa providência, eles se sujam ou se molham muito menos do que quando os pelos permanecem soltos. É necessário, porém, que os pelos sejam mantidos bem secos, pois a umidade e a pressão dos elásticos que os prendem podem provocar o seu apodrecimento.

10.6.2 Tosas para exposições

A presença dos cães em exposições equivale à dos homens em festas ou em outras solenidades. Por esse motivo, quando nelas se apresentam os cães, mesmo que não sejam submetidos a julgamentos, devem ir muito bem "arrumados".

Os Malteses, por exemplo, devem se apresentar com sua pelagem longa e solta da cabeça aos pés. Nos animais com mais ou menos um ano de idade, devido ao seu comprimento, os pelos já estão arrastando pelo chão.

10.7 Escovação e penteado

A escovação do pelo do Maltês deve ser feita normalmente e a intervalos regulares, para que sua pelagem se mantenha sempre limpa, lisa e brilhante, o que faz o cão ficar com um ótimo aspecto.

Quando o Maltês possui uma pelagem comprida, ela deve ser escovada e penteada três vezes por semana, da seguinte maneira:

1. desmanchar com as mãos, com todo o cuidado, um por um, os nós existentes na pelagem, evitando puxar os pelos, para que o cão não sinta dor e para não arrebentar os fios;
2. passar uma escova, com muita delicadeza e somente alisando, mas não puxando os pelos, para o cão não ficar incomodado ou irritado, por sentir dores. A escova deve ter pinos de metal, mas sem bolinhas nas pontas, porque elas danificam ou destroem os pelos dos Malteses.

A escovação é muito eficiente para que sejam obtidos os melhores resultados na higiene, na conservação e na beleza das pelagens dos Malteses e para mantê-los em bom estado e livres dos nós que se formam nos pelos, quando eles não são bem penteados.

Sua aplicação, um dia sim e um dia não, representa uma ótima opção para evitar a formação e o excesso de nós, mas, mesmo assim, não é o recurso mais empregado, porque os donos dos cães não gostam de vê-los sofrer quando seus pelos são puxados para desembaraçar os nós espalhados sobre o corpo e, principalmente, sobre a cabeça e os membros.

Quando, porém, os pelos para os penteados são deixados cortados ou mais curtos como, por exemplo, na tosa filhote, esses pelos "embolam" relativamente pouco, não havendo por isso, nenhum problema em diminuir o número de escovações para duas, ou menos, por semana.

10.7.1 Os nós dos pelos

Quando eles ocorrem, o criador ou dono deve imediatamente, desfazê-los. Para isso é necessário:

1. umedecer esses nós, empregando um condicionador dissolvido em água e,
2. com as mãos, desembaraçar, um por um, todos os nós existentes na pelagem do cão.

Essas operações devem ser feitas com todo cuidado para evitar que a pelagem do animal seja danificada, por quebrar ou arrancar os nós.

10.7.2 Escovas

Há vários tipos e tamanhos de escovas empregadas para fazer as escovações dos pelos dos cães de todas as raças. O melhor, porém, é utilizar as escovas cujos fios não possuam bolinhas nas pontas, porque elas penetram com maior facilidade entre os pelos, diminuindo, assim, o perigo de os seus fios se arrebentarem, o que pode até prejudicar o aspecto dos animais.

10.8 Pelos nos olhos

Para evitar que os pelos da cabeça ou da cara dos Malteses, entrem nos olhos, podendo irritá-los ou até feri-los, uma boa providência é prendê-los. Eles podem sair com um laçinho ou mesmo com um papelote, pois, muitas pessoas, além dos seus donos, acham que eles ficam "bonitinhos" com esses pequenos e simples enfeites. No cotidiano desses cães, o uso de lacinhos ou papelotes para conter os pelos sobre os olhos é uma ótima solução.

O uso de lacinhos ou papelotes não é permitido nos cães inscritos em exposições, principalmente durante os desfiles para a sua apresentação, para o julgamento e a classificação nos concursos ou competições.

Nas competições, além de ele estar com a pelagem muito bem cuidada, ela deve estar natural e completamente solta, após uma higienização e um bom preparo, o que realça as suas características e a beleza dos seus pelos.

10.9 Banhos

Todos os cães devem tomar banhos, regularmente, a intervalos de uma semana, exceto quando eles ficarem sujos pois, neste caso, devem ser banhados no mesmo dia e, de preferência, na mesma hora em que se sujarem. A higiene é muito importante para manter os pelos em bom estado e bonitos, bem como a própria saúde.

As orelhas dos Malteses devem ser bem protegidas durante o banho para evitar que a água penetre nos ouvidos desses cães, o que lhes poderia causar fortes dores ou outros problemas, às vezes mais graves, como otites. Além disso, elas devem ser bem lavadas e limpas uma vez por semana.

É necessário, porém, que os saponáceos ou outros produtos empregados para banhá-los sejam de boa qualidade e especiais para cães, para evitar que haja reações do seu organismo, geralmente na pele, e traduzidos por alergias, eczemas etc.

Muito importante, também, é que, após o banho, tenham os seus pelos enxugados, de preferência, por secadores elétricos, para que fiquem bem secos.

10.9.1 Secador elétrico

Quando for empregado o secador, a pelagem do cão deve ser bem aberta, com uma cuidadosa separação dos pelos, para que o ar quente penetre nas raízes, concorrendo, assim, para uma boa secagem da pele do animal, evitando, principalmente, o aparecimento de dermatites.

10.9.2 Toalha

Para secar a pelagem do Maltês (após o banho ou quando ele se molhar com chuvas ou entrando em piscinas etc.) deve ser empregada uma boa toalha, bem grossa, felpuda e grande, do mesmo tipo das que são usadas como toalhas de banho para as pessoas.

10.10 Muda

Como todos os cães, também o Maltês sofre, periodicamente, trocas de pelos, conhecidas popularmente como "mudas". As mudas variam de intensidade, sendo que, no Maltês, ela é pouco importante, pois não há grande perda de pelos.

O tipo, a intensidade ou o período da sua duração, variam com a idade e as características individuais de cada cão, bem como das condições ambientais, como a temperatura, por exemplo, que influi diretamente sobre essa camada protetora que os cães possuem, cobrindo externamente a pele de todo o seu corpo.

10.11 Unhas e seu trato

Pode não parecer, mas as unhas desempenham importantes funções na vida dos cães e, entre elas, podemos mencionar:

1. servem como pontos de apoio no solo, ajudando o cão a nele se firmar;
2. evita que o animal leve escorregões ou tombos, que podem provocar diversos tipos de lesões ou traumatismos;

É muito importante, também, controlar o tamanho das unhas dos cães, para que não fiquem compridas demais.

Normalmente, elas se desgastam somente com os atritos a que são submetidas quando o cão caminha ou corre pelo solo, dentro ou fora do lar, principalmente quando se trata de uma casa com quintal ou então, quando sai a passear.

Quando as unhas crescem muito, por não se desgastarem naturalmente quando o cão anda, corre e pula, é necessário que sejam aparadas regularmente, com uma tesoura ou um alicate especial, o que deve ser feito a intervalos de trinta dias.

10.11.1 Como cuidar das unhas dos filhotes

Quando atingem mais ou menos 1 semana de idade, os filhotes começam a se movimentar pelo ninho, passando uns sobre os outros e sobre a cadela. Por esse motivo, suas unhas devem ser cortadas, para que não arranhem a mãe ou nela provoquem ferimentos, o que a deixa bastante nervosa e irritada. Além disso, cortar as unhas dos filhotes evita que eles fiquem se arranhando, o que pode produzir neles, arranhões, ferimentos, infecções etc.

Se não cortarmos as unhas dos filhotes, elas podem se transformar em um problema sério para a cadela, porque são numerosas e ficam grandes, afiadas e pontudas, podendo causar ferimentos e infecções, às vezes graves, nas tetas e mamas, provocando até sua perda, o que prejudica sua produção leiteira e a desvaloriza como reprodutora.

As tetas e mamas da cadela podem ficar muito doloridas e, às vezes, ela sente dores muito fortes, principalmente porque, quando mamam, além de as sugarem e esticarem, os filhotes as empurram ou "cutucam" com o focinho e as patas, dão pancadas sobre elas e as arranham com as unhas. Como as dores que isso lhe provoca podem ser muito fortes, e até mesmo insuportáveis, a cadela, muitas vezes, nem os deixa mamar. Pelos motivos expostos, as unhas dos filhotes devem ser cortadas uma vez por semana, podendo ser usados para isso uma tesoura bem afiada ou um alicate especial para unhas. Devemos tomar muito cuidado para não cortarmos as unhas curtas demais, para não atingirmos "o sangue", ou seja, a parte em que se localizam as artérias, veias e nervos, para evitarmos sangramentos, dores e prováveis infecções.

Quando os cãezinhos já saem do ninho e começam a andar e a correr em superfícies ásperas, as unhas crescem menos, porque se desgastam mais, ficando menos pontudas e mais curtas.

10.12 Dentes

O cuidado com os dentes dos cães é uma preocupação que o dono deve ter. Os dentes são partes vitais do seu corpo, pois são utilizados para várias finalidades, mais especialmente para a defesa do animal e para sua alimentação.

Para cuidarmos adequadamente da dentição do Maltês devemos, em primeiro lugar, nos preocuparmos com a qualidade da ração a ele fornecida. Isto é importante, na medida em que as rações de boa qualidade devem conter elementos e um grau de dureza que auxilie na limpeza dos dentes.

Além do cuidado com a ração a ser ministrada ao cãozinho, outra providência importante é realizar, regularmente, a escovação nos seus dentes. Para isso, precisamos contar com uma escova dental apropriada para cães e, mais ainda, para o porte do animal. Além da escova, deve ser utilizado creme dental especial para cães. A principal diferença entre um creme dental destinado aos seres humanos e o dentifrício para cães é a falta do flúor na composição do creme dental para cães.

Vision – Macho – 2,5 anos – Grande campeão, Campeão Panamericano e Internacional – Canil Little Crystal – Prop. Diogo Salas Ortiz

Kenzo – macho – 1 ano – Jovem Campeão, Grande campeão e Campeão Panamericano – Canil Little Crystal – Prop. Diogo Salas Ortiz

Capítulo 11

Período de crescimento

O filhote, logo depois de desmamado ou quando está com 45 ou 60 dias de idade, deve ser examinado por um médico veterinário, pois está na época de começar a fase de vermifugação e vacinação.

Esse período é de grande importância para a vida, o desenvolvimento e o futuro dos cães. É, também, o que acarreta maiores preocupações, porque os filhotes, antes da desmama, têm a cadela que cuida da sua saúde, lhes dá o carinho de que tanto necessitam, protege-os de todos os perigos, dá-lhes o seu melhor alimento, ou seja, o leite materno, e ainda lhes transmite certa proteção ou resistência imunológica contra algumas doenças.

A partir da desmama, no entanto, eles passam a depender somente do seu dono para alimentá-los, tratá-los, protegê-los contra as doenças, defendê-los de outros animais e, ainda, para proporcionar-lhes o carinho de que tanto necessitam, principalmente nessa fase da vida.

Além dessas responsabilidades devemos nos preocupar, e muito, com o ensino e o treinamento desses cãezinhos, pois são indispensáveis para que eles cresçam sadios, bem educados e obedientes, trazendo grandes alegrias aos seus donos.

O período de crescimento e desenvolvimento vai desde a desmama até a fase adulta, quando eles têm completada a calcificação dos ossos, o que nos Malteses ocorre, geralmente, entre os 10 e 12 meses de idade. Durante essa fase, em geral, multiplicam o seu peso de 3 a 6 vezes.

11.1 Controle de peso

A pesagem, para controlar a saúde, o crescimento e o desenvolvimento dos filhotes, deve ser feita com regularidade porque, quando verificamos que não há aumento de peso ou que ele é muito pequeno, isso indica que sua alimentação não está sendo adequada e que eles não estão sendo alimentados de maneira satisfatória. Vale dizer: ou a alimentação é fornecida em quantidade insuficiente, ou sua composição nutritiva é fraca e não atende às necessidades alimentícias dos cãezinhos.

Através do controle do peso podemos, ainda, suspeitar de possíveis problemas de saúde pois, se o animal está sendo bem alimentado e mesmo assim não apresenta o ganho de peso normal para essa fase da sua vida, isto indica que pode haver algum outro problema, que deverá ser analisado por um médico veterinário. Normalmente, o que causa o pouco ganho de peso são as verminoses, muito comuns em filhotes.

Uma alimentação insuficiente ou inadequada pode ser a causa predisponente de doenças, não só da nutrição, mas, também, as infecciosas, parasitárias ou orgânicas.

Outra vantagem que o controle do peso apresenta é permitir que seja avaliada, também, a uniformidade no crescimento e no desenvolvimento da ninhada.

11.2 Mudança de dentes

A troca dos dentes de leite pelos definitivos começa a ser feita quando os filhotes estão com 3,5 meses e termina, normalmente, aos 6 meses de idade. É muito importante que, nesse período, os dentes do cãozinho sejam examinados diariamente porque, às vezes, nascem os dentes definitivos antes mesmo de caírem os dentes de leite. Quando isso ocorre, o cão pode até ficar com uma dentadura dupla, o que lhe causa grandes problemas, dificultando a mastigação e, em consequência, sua alimentação.

Esse problema afeta, principalmente, os dentes caninos ou presas que, aos 6 meses, já atingiram seu tamanho máximo. Quando os dentes de leite não caem normalmente, devem ser extraídos. A higiene bucal deve ser feita com dentifrícios especiais para cães, por meio de escovação com escovas especiais para o tamanho de cada raça.

Vision – Macho – 2,5 anos – Grande campeão, Campeão Panamericano e Internacional – Canil Little Crystal – Prop. Diogo Salas Ortiz

Bela Meg 2 – fêmea matriz – 3 anos – Prop. Viviane G. Cintra Almeida

*Mandy – fêmea – 2 anos – Campeã e Campeã Panamericana
Canil Little Crystal – Prop. Diogo Salas Ortiz*

Capítulo 12

Reprodução e criação do Maltês

Para termos uma boa criação de cães, neste caso, de Malteses, ela deve se basear em:

1. bons reprodutores, machos e fêmeas;
2. boa alimentação;
3. instalações adequadas e
4. bom manejo.

Além disso, devemos escolher reprodutores, machos e fêmeas, que possuam características que concorram para que os resultados dos cruzamentos atinjam um elevado nível dentro do padrão da raça.

Donna e sua ninhada com 2 filhotes
Canil Encrenquinhas
Prop. Viviane G. Cintra Almeida

Fêmea Flor com sua ninhada
Canil Encrenquinhas
Prop. Viviane G. Cintra Almeida

Devemos nos certificar, também, de que eles não possam transmitir nenhuma doença, mais ou menos comum à raça, para o que existem exames especiais para o seu diagnóstico, bem como para doenças venéreas, e até mesmo para a brucelose, por meio de testes sorológicos.

12.1 Escolha dos machos ou padreadores

É uma escolha de grande importância, porque eles irão transmitir aos filhotes as suas boas ou más características. Deles depende, portanto, em grande parte, o sucesso da criação, como verificaremos mais adiante.

Para entrarem em reprodução, os machos devem ser puros e terem todos os órgãos genitais perfeitos e todo o aparelho reprodutor funcionando normalmente. Além disso, devem apresentar uma série de características, entre as quais: serem sadios, rústicos, precoces, bem conformados, vivos, fortes, vigorosos, de constituição robusta, ágeis e impetuosos.

Ninhada com 38 dias – Canil Encrenquinhas – Prop. Viviane G. Cintra Almeida

Não devem ser muito gordos, mas bem musculosos. Não devem apresentar pus, corrimentos ou calombos pelo corpo. Devem ter o focinho úmido e os pelos de acordo com o padrão oficial da raça, sendo lisos e brilhantes. Não devem ser muito jovens nem muito velhos, para que possam ser utilizados com o máximo de aproveitamento, durante mais tempo, e devem ser livres de defeitos genéticos, além de possuir acentuadas características sexuais e raciais.

É de grande importância que sejam conhecidas as características dos seus ascendentes (pais e avós), pois maiores serão as possibilidades de seus filhotes corresponderem ao desejado.

Para que haja uma boa seleção dos reprodutores é necessário que eles sejam identificados por um nome ou um número, e que exista um controle da sua vida, das coberturas, da sua ascendência, descendência etc.

12.2 Seleção das fêmeas ou matrizes

As características desejadas nas cadelas, para que sejam boas matrizes ou reprodutoras, são:

- serem sadias, vivas e não muito gordas;
- terem o focinho úmido e os pelos de acordo com os padrões da raça;
- não serem muito jovens nem muito velhas, para que possam ser aproveitadas durante mais tempo;
- terem linhas finas, serem bem conformadas e compridas;
- apresentarem o seu terço posterior mais desenvolvido;
- serem mansas e calmas.

É indispensável, no entanto, que sejam, férteis, prolíficas e boas criadeiras, além de possuírem uma boa capacidade leiteira, pois essas características são de grande importância e se constituem em preponderante fator de sucesso na reprodução dos cães. As cadelas que não produzirem leite durante 30 a 35 dias devem ser descartadas da reprodução.

As fêmeas entram em reprodução mais cedo do que os machos mas, em compensação, terminam sua missão também mais cedo, porque as gestações e lactações sucessivas desgastam muito o seu organismo.

As primeiras coberturas e as crias obtidas já dão uma boa orientação sobre as qualidades das fêmeas como reprodutoras e criadeiras. Quando não produzem filhotes fortes, sadios, de bom tamanho, peso e em número satisfatório, ou quando a mortalidade dos filhotes é elevada ou eles são fracos e não atingem um bom desenvolvimento na desmama, elas devem ser eliminadas da reprodução, porque isso revela que são más criadeiras ou más reprodutoras.

As boas cadelas Maltesas dão, com facilidade, 2 partos por ano, variando o número de filhotes por parto, sendo, em geral, de 1 a 3 filhotes.

Seguindo essa orientação, o criador já tem uma boa base para adquirir os reprodutores, o que só deve fazer, no entanto, de criadores competentes, idôneos ou em casas especializadas, de confiança, e com a exigência do pedigree.

12.3 Idade para a reprodução

Os cães já podem se reproduzir quando atingem a puberdade, o que ocorre entre 6 e 10 meses de idade, quando as cadelas têm o seu primeiro cio e os machos já produzem espermatozóides. Não aconselhamos, no entanto, a sua reprodução com essa idade, pois ainda são muito novos e terão o seu desenvolvimento prejudicado com o desgaste da reprodução, principalmente as cadelas, que terão de suportar gestações e lactações sucessivas, o que lhes provoca um grande desgaste físico, especialmente quando as ninhadas forem grandes.

O melhor é realizar o primeiro acasalamento quando a fêmea tiver o seu segundo cio. Além disso, as cadelas muito novas ainda não possuem o instinto maternal desenvolvido e nem sempre cuidam dos seus filhotes normalmente como deviam, podendo até abandonar as suas crias.

Para obter os melhores resultados, o criador deve possuir somente reprodutores selecionados, de elevado padrão, tanto machos quanto fêmeas, além de controlar todas as etapas da reprodução de seus cães, pois isso é indispensável para que obtenha bons animais e os melhores resultados econômicos, quando sua criação for comercial.

12.4 Ciclo estral ou sexual da cadela

Como as outras fêmeas mamíferas, a cadela possui um ciclo estral que se repete, em média, duas vezes ao ano, ou seja de 6 em 6 meses e que tem as seguintes fases:

1ª proestro, cuja duração é de nove dias e durante o qual a cadela apresenta a vulva inchada, perda de sangue ou menstruação e atração pelo macho;

2ª estro ou cio, durando, também, nove dias. O sangue pára e a cadela, não só aceita, mas procura o macho para o acasalamento. A ovulação ocorre nos dois ou três primeiros dias dessa fase;

3ª metaestro, que é a fase de regressão e sua duração é variável, de mais ou menos três meses;

4ª anestro é o período ou a fase de repouso ou inatividade dos ovários e sua duração é de dois meses, terminando quando se inicia o novo ciclo estral.

Na prática, a fase mais importante para o criador e a mais esperada, é o estro ou cio, porque é o período fértil, no qual são realizados os acasalamentos, que devem ser efetuados dois a três dias após o término do sangramento, ou seja, de onze a doze dias do início da perda de sangue. A duração média do cio é de nove dias, podendo variar de cinco a doze, de acordo com o tamanho ou a raça da cadela.

12.5 O cio

É na puberdade que aparece o primeiro cio. Quanto menor a raça ou variedade da cadela, mais cedo ela tem o seu primeiro cio. Nas cadelas Maltesas, ele ocorre, geralmente, entre os 6 e 10 meses de idade; se repete duas vezes ao ano, durando, em média, nove dias, embora, como já o mencionamos, possa ir de cinco a doze dias. É nessa fase que ocorre a ovulação, provavelmente no segundo ou no terceiro dia desse período.

Por ser a fase mais importante para o criador, pois é nela que são realizados os acasalamentos, dois a três dias após o término do sangramento, é muito importante que saibamos, exatamente, quando termina essa fase.

Para verificar quando termina a hemorragia, basta fazer a cadela dormir sobre um lençol branco ou claro, pois todas as noites ele ficará "sujo" de sangue. No primeiro dia em que ele amanhecer limpo, é sinal de que a hemorragia já parou. Basta, então, contar onze ou doze dias do início do "sangue", para fazer o acasalamento.

Uma alimentação má ou defeituosa, muito abundante ou afrodisíaca, a consanguinidade, distúrbios glandulares etc., podem provocar a diminuição ou até mesmo a ausência do cio.

Algumas doenças (quistos ovarianos, por exemplo) podem provocar um cio permanente nas fêmeas que, por isso, são denominadas ninfômanas. Há cadelas que têm problemas de inflamação no útero (metrite) e, em consequência, sua menstruação tem uma duração anormal.

Não deixar as fêmeas engordarem muito é um aspecto importante, porque as muito gordas dificilmente engravidam, e o excesso de gordura torna o parto difícil, trazendo grandes sofrimentos para a cadela.

12.6 Preparando para o acasalamento

Como se trata de um ato sexual normal e indispensável para que haja a reprodução natural, ele, em geral, se realiza sem maiores problemas. No caso, porém, de a cadela e o cão serem virgens, ele pode se tornar difícil e até mesmo nem se realizar. Nessas circunstâncias, a pessoa que está acompanhando ou vigiando o casal deve intervir, ajudando para que o acasalamento se realize.

Na maioria das vezes, isso ocorre devido à dificuldade de fazer com que o macho "acerte" a vulva da cadela, para que o seu pênis nela penetre, realizando-se assim, o acasalamento.

O melhor, quando se tratar de um macho novo, é juntar a ele uma cadela que esteja entrando no cio, para que haja mais tempo para ser feito um maior número de tentativas de acasalamento e ele possa se realizar, antes do fim do período de ovulação da cadela.

Devemos, no entanto, tomar alguns cuidados antes de juntarmos o casal para a cobertura, como, por exemplo:

- não acasalar cadelas no seu primeiro cio, mas somente do segundo ou terceiro, em diante;
- só acasalar machos depois de um ano de idade;
- quando não são mais ou menos da mesma idade, o melhor é acasalar uma cadela mais velha e experiente, com um macho mais novo, ou então, uma fêmea nova, jovem e especialmente quando é virgem, com um macho mais velho e com muita experiência.

Devemos, também, acasalar somente cães em perfeitas condições de saúde, livres de parasitas externos ou internos (vermes), vacinados e com todos os órgãos genitais perfeitos.

O acasalamento deve se realizar em ambiente isolado, sossegado e, de preferência, na presença de uma única pessoa, para controlá-lo. Para que isso ocorra, tanto a fêmea pode ser levada ao macho, quanto este à cadela.

12.7 Ritual do acasalamento

Para a realização do acasalamento, devemos proceder da seguinte maneira, quando o macho e a fêmea forem se ver pela primeira vez, ao serem colocados juntos:

- uma pessoa segura o cão e outra a cadela, mantendo-os separados, a certa distância um do outro, pela guia, para que eles se vejam e para que possam ser observadas as suas reações, um em relação ao outro;
- quando um deles tenta avançar sobre o outro, deve ser acalmado com palavras;

- aos poucos, deixar que os dois se aproximem um do outro até que consigam se cheirar;
- caso comecem a abanar a cauda e não demonstrem sinais de agressividade, as guias podem ser afrouxadas para que se reconheçam melhor, o que fazem cheirando, principalmente as regiões anal e genital do seu parceiro;
- não havendo nenhuma reação de um ou de ambos os animais, eles podem ser soltos, à vontade, livres para o acasalamento que, quando a fêmea está no cio e o macho é normal, será realizado sem problemas;
- terminado o ato sexual, os animais se separam normalmente e devem ser colocados isolados um do outro pois, somente uma cobertura é suficiente para que haja a fecundação e a cadela entre em gestação. Caso, no entanto, o criador queira repetir o acasalamento, "para garantir", basta juntar o casal uma ou duas vezes mais, nos dias seguintes, pois a cadela ainda receberá o macho, por mais uns cinco a sete dias.

Depois do acasalamento e terminado o cio, a cadela volta à sua vida normal. Não há necessidade de alterar os seus hábitos nem a sua alimentação, até ficar comprovado que ela entrou em gestação.

No caso de canis, o ideal seria cobrir duas ou mais cadelas, no mesmo dia, para que fosse possível, se necessário, passar filhotes excedentes de umas para outras com poucos filhotes, que serviriam de amas de leite para os que lhes fossem confiados.

12.8 O acasalamento

É o ato sexual realizado entre animais de sexos diferentes e tem, como objetivo, a fecundação dos óvulos pelos espermatozóides ejaculados pelo macho dentro da vagina da fêmea. Sem fecundação não há reprodução.

O acasalamento, como já o mencionamos, deve ocorrer na presença do criador, não só para que ele comprove a sua realização, mas, também, para que possa intervir, se necessário. Ele acontece devido à atração sexual que o macho sente pela fêmea e esta por ele, atração esta estimulada pelos hormônios sexuais que, na fêmea, provocam um "cheiro" típico quando ela está no cio, e que atrai os machos, até mesmo a longas distâncias.

Deve ser realizado no 11º, 12º ou até o 16º dia após haver "parado o sangramento" da cadela, o que varia um pouco, pois o melhor dia está nesse período, não havendo um dia certo como o melhor para a cadela enxertar.

Os melhores dias são aqueles em que a cadela aceita o macho com maior facilidade, o procura e até monta nele ou em outras cadelas, "anunciando", assim, que está em pleno cio.

Um sinal típico e importante, porque significa que a cadela está no cio e bastante excitada, é que ela desvia a cauda para um dos lados, deixando livre a sua vulva quando um macho ou mesmo uma outra cadela chega perto ou tenta montá-la.

Para maior garantia de fecundação da fêmea, o acasalamento pode ser repetido uma hora depois, quando não for realizado normalmente, ou 24 a 48 horas depois, para maior garantia de obter uma gestação.

Nos cães, a cópula dura, geralmente, 15 minutos contados a partir da penetração do pênis, até que o casal se separe normalmente, embora possa levar 30 minutos ou até mais tempo.

Quando o dono de uma cadela "contrata" um padreador para cobri-la, considera o serviço satisfatório quando os animais ficam "juntos" ou "engatados", pelo menos, durante 15 minutos. A ejaculação do cão é feita lentamente e em gotas.

Devemos chamar a atenção para um aspecto muito importante do acasalamento dos cães, ou seja: o pênis do cão, ao penetrar na vagina da cadela, ainda se encontra um tanto flácido, mais ou menos "mole". Logo, porém, que penetra em seu interior ele entra em ereção total, ficando intumescido e rígido ("duro").

O pênis do cão possui duas protuberâncias ("bolas"), uma de cada lado. Quando ele penetra na vagina da cadela, essas protuberâncias, ainda "moles", vão se ajustando e passam pelos ossos pélvicos da fêmea. Quando, no entanto, já dentro da vagina, o pênis entra em ereção total, elas aumentam de tamanho e se tornam duras. É por isso que o pênis não pode sair, ficando os animais presos um ao outro.

Somente depois que a ereção vai diminuindo e cessa, ficando o pênis e as "bolas" mais moles e menores é que o pênis pode sair, permitindo que o casal se separe. Por esse motivo, quando o macho e a fêmea estiverem unidos ou "engatados" (na linguagem popular) devem ser deixados bem sossegados porque, se forem incomodados ou espantados, podem se movimentar ou até correr, tentando se separar antes do tempo, o que provoca dores, sofrimentos, ferimentos graves e até fraturas, tanto nos machos que podem ter o osso peniano fraturado, quanto nas fêmeas, com ruptura da bacia.

Quando tomamos os cuidados necessários, o acasalamento se realiza normalmente, sem nenhum problema, pois é um ato natural na reprodução dos cães. Quando, no entanto, os cães são molestados, principalmente quando estiverem unidos, esse ato natural pode se transformar em um verdadeiro acidente na vida desses animais.

Ninhada da fêmea Hope de 3,5 anos – Canil Encrenquinhas – Prop. Viviane G. Cintra Almeida

Outro cuidado importante é não deixar o macho e a fêmea juntos, por vários dias, mesmo quando a cadela estiver no cio, porque não é necessário para a fecundação e só causará cansaço e esgotamento desnecessários à fêmea e principalmente ao macho.

12.9 Cuidados após o acasalamento

O primeiro e mais importante cuidado que o criador deve tomar, após o acasalamento da sua cadela, é evitar que outro macho dela se aproxime, pois ele pode acasalá-la, fecundando-a também, o que lhe causaria grandes prejuízos, principalmente no caso de uma cadela de elevado padrão zootécnico, que poderia ser enxertada até por cães "vira-latas" ou cães de rua.

Depois de terminado o acasalamento e de os animais serem separados, deve ser feita a sua higiene, sendo que a da fêmea deve ser somente externa.

Como, às vezes, a cobertura falha, podemos repeti-la mais 2 vezes, com intervalos de 1 dia entre elas.

12.10 Gestação, gravidez ou prenhez

É o resultado da concepção da cadela, com a fecundação dos óvulos pelos espermatozóides, formando os ovos. A gestação começa, exatamente, no momento da nidação, ou seja, no instante em que os ovos se fixam no útero, e termina com a expulsão dos fetos pelo organismo da cadela e o nascimento dos cãezinhos.

A gestação significa, portanto, que a cadela tem, em seu útero, ovos que se transformam em embriões e estes em fetos. Cada feto fica alojado em uma bolsa d'água independente.

12.11 Período de gestação

Na raça Maltesa, normalmente, ele dura 63 dias a contar do último acasalamento, mas esse período pode variar para mais ou para menos, de 5 a 6 dias, pois nele podem influir diversos fatores, principalmente o número de fetos: quanto maior o seu número, menor o período da gestação e quanto menor o seu número, mais prolongado será ele. Geralmente, os filhotes que nascem até 6 dias antes da data prevista para o parto, não sobrevivem.

12.12 Sinais de fecundação e de gestação

Não existem sintomas que indiquem, nos primeiros dias após a cobertura, se a cadela enxertou. Geralmente, são necessários de 30 a 35 dias para que as pessoas leigas, com pouca prática, possam confirmar se a cadela entrou ou não em gestação.

Alguns sinais, no entanto, podem dar certa orientação; entre eles, temos os seguintes:

- a cadela fica mais calma, começando a engordar e o seu andar vai se modificando;
- a conformação do seu corpo vai se alterando, principalmente a barriga, que vai se esticando e aumentando;
- mais no final da gestação, no seu 2º mês, as tetas aumentam e, quando espremidas, deixam sair um leite amarelo;
- os movimentos dos fetos podem ser vistos externamente, principalmente na última semana de gestação e quando a cadela está deitada de lado;
- com um estetoscópio ou até com o ouvido, podem ser ouvidas as batidas dos corações dos fetos;
- a palpação ventral, no entanto, é o método mais seguro para fazer o diagnóstico da gestação, mas deve ser feita com todo o cuidado. Por esse método é possível a confirmação da gestação entre o 21º e o 28º dias.

12.13 Ultrassom

A partir do 20º dia após o acasalamento, no entanto, já é possível saber, com certeza, se a cadela entrou em gestação, bastando a utilização do exame de ultrassom. Essa tecnologia passou a ser adotada na medicina veterinária na década de 80 e vem se tornando rotina para a maioria dos criadores que, com a confirmação da gestação, podem fazer planejamentos mais precisos.

Esse exame permite, também, estimar o número de filhotes, não com grande precisão, mas a informação obtida costuma ser bastante valiosa para os criadores.

A ultra-sonografia é um exame não invasivo, que não causa nenhum tipo de reação e não traz riscos à cadela nem aos seus filhotes.

12.14 Gestações anormais nas cadelas

Temos, como exemplos, as seguintes:

- gestações extrauterinas, como as que ocorrem nas trompas, de grande risco para a vida da cadela;
- os abortos, ou seja, a expulsão dos fetos antes de estarem em condições de sobreviverem;
- formação de monstruosidades, isto é, de fetos completamente anormais.

12.15 Exercícios

Por estar grávida, e principalmente por isso, a cadela deve fazer exercícios diários, pois eles estimulam a circulação sanguínea, a respiração, o funcionamento dos intestinos, evitando a "prisão de ventre", e exercita os músculos de todo o corpo, mantendo-os "em forma", o que vai ajudar muito nos trabalhos de parto.

Além disso, os exercícios, aliados a uma alimentação controlada e não excessiva, fazem com que a fêmea não engorde muito, o que também a auxiliará bastante no parto, pois gordura excessiva dificulta muito o nascimento dos filhotes e causa maiores sofrimentos à parturiente e aos próprios filhotes durante o nascimento.

Naturalmente, os exercícios não devem ser excessivos e a cadela gestante não deve se cansar muito, principalmente nas últimas semanas antes da data prevista para o parto, para que ela atinja esse momento descansada e relaxada psicologicamente.

12.16 Alimentação na gestação

No primeiro mês da gestação a cadela pode continuar a receber a mesma alimentação que recebia antes do acasalamento. Como, no entanto, durante a gestação a cadela tem de arcar com o ônus da formação dos fetos e, depois que os filhotes nascerem, tem de alimentá-los com o próprio leite, é muito importante que ela receba uma alimentação limpa, sadia, fresca e abundante, mas não em excesso, para que não engorde muito; bem equilibrada e composta de proteínas, carboidratos, sais minerais e vitaminas.

Entre os alimentos indicados, temos as rações balanceadas específicas para cadelas gestantes, farinhas, cereais, verduras, carnes, peixes, ovos etc.

No segundo mês de gestação, a cadela deve receber maior quantidade de alimentos do que normalmente. Esse aumento pode ser de 20 a 30%, porque o desenvolvimento dos fetos é muito grande nesse período, mas deve ser controlado para evitar o excesso de alimentos, para que a cadela não engorde muito, o que dificultaria o trabalho de parto. É aconselhável, também, que ela receba, diariamente, um complexo de vitaminas e sais minerais e que disponha de água fresca, limpa e à vontade, principalmente nos seus períodos de gestação e de lactação. Uma alimentação defeituosa e deficiente ou a falta de água podem causar uma série de problemas para a cadela gestante.

Caso seja observado algum distúrbio durante a gestação da cadela como, por exemplo, perda de apetite, tristeza, abatimento, excitação, febre ou corrimento vaginal (com ou sem sangue), ela deve ser levada, imediatamente, ao médico veterinário, para que o problema possa ser diagnosticado com segurança e controlado o mais rapidamente possível, pois disso pode depender o sucesso da gestação ou a ocorrência de um aborto.

12.17 Falsa gestação

Pode acontecer, a uma cadela no cio, que seja colocada com um macho e que seja coberta por ele, normalmente.

A cadela começa, logo depois, a apresentar sintomas de gestação: fica mais calma, começa a engordar, o seu ventre vai aumentando de volume, suas mamas aumentam e, quando as tetas são espremidas, sai delas um leite.

Passam mais de 60 dias e a fêmea não entra em trabalho de parto, não tendo os tão esperados filhotes. Começa, então, a emagrecer e volta a seu estado normal.

O que ocorreu, realmente, foi uma falsa gestação ou pseudogestação, também chamada gestação psicológica, porque a cadela, havendo sido acasalada por um macho estéril ou até por montar sobre um macho ou mesmo sobre uma outra cadela, ou ser por ela montada, entrou em orgasmo, o que desencadeou o seu mecanismo da reprodução, fazendo com que ela "pensasse" que estivesse grávida e, por isso, apresentasse todos os sintomas de uma gestação verdadeira. Quando isso ocorre, a única providência a ser tomada é esperar um novo cio, para que a cadela seja acasalada novamente.

Pode ocorrer, também, que uma fêmea seja acasalada pelo macho e entre em gestação, normalmente, mas que os embriões morram, interrompendo essa gestação.

Por esse motivo e apesar de a cadela não mais estar em gestação, sua mente ainda está condicionada a esse estado e, por isso, ela continua apresentando todos os seus sintomas externos; trata-se, portanto, de uma falsa ou pseudogestação, como as mencionadas anteriormente, mas por outras causas. Seus sintomas persistem até à época do parto, que não acontece e desaparecem logo, voltando a cadela ao seu estado normal.

Várias podem ser as causas da morte dos embriões como, por exemplo, fatores letais hereditários, que podem aparecer devido à consanguinidade, principalmente estreita, entre parentes próximos; intoxicações; determinadas doenças, etc.

12.18 O leite e a falsa gestação

A cadela que está em falsa gestação, quando chega a época do parto, começa a ficar com as mamas e as tetas maiores, túrgidas e a produzir leite em maior ou menor quantidade. Compressas de panos quentes e massagens podem diminuir as dores que ela sente quando fica com as mamas muito cheias. Nesses casos, é melhor tirar um pouco de leite para aliviar a tensão nas mamas e o sofrimento da cadela, embora essas "tiradas" possam aumentar a sua produção leiteira.

A cadela em falsa gestação pode, até, ser aproveitada como ama de leite para filhotes excedentes de outra cadela ou órfãos.

12.19 Aborto

É a expulsão dos fetos antes de eles completarem o seu desenvolvimento no útero da cadela. Embora não seja muito comum, as cadelas podem abortar: é o aborto natural.

Várias, no entanto, são as causas que podem provocá-lo, destacando-se, entre elas:

- quedas;
- traumas ou "pancadas";
- diversas doenças;
- calor excessivo;
- fêmeas acasaladas com machos com blenorragia;
- sustos provocados por barulhos súbitos como tiros, gritos, explosões etc.;
- presença de animais estranhos;
- cadelas muito novas;
- acasalamentos com machos muito novos;
- intoxicações alimentares ou medicamentosas;

- envenenamentos;
- constipação (prisão de ventre) por defeitos de alimentação, como o abuso de grãos e farelos;
- alimentação defeituosa ou má qualidade dos alimentos;
- gordura excessiva.

Quando uma cadela aborta, dever ser isolada dos outros cães e levada, o mais rapidamente possível, a um médico veterinário, para exame e diagnóstico da causa do aborto.

Temos, também, o aborto provocado, quando o proprietário da cadela não quer que ela tenha a ninhada, geralmente, porque ela foi coberta contra a sua vontade, por um cão defeituoso, de outra raça ou por um animal mestiço.

Quando isso ocorrer, a cadela deve ser levada logo ao veterinário, pois, quanto mais cedo for provocado o aborto, menos sofrimento e danos causará à cadela. O ideal é provocá-lo até 2 dias após a cobertura, pois ainda será possível impedir a nidação, isto é, que o óvulo já fecundado, ou seja, o ovo, se fixe no útero. Dessa maneira, nem se inicia a gestação.

Mesmo depois desse prazo, é possível interromper uma gestação mas, o melhor para a saúde da cadela, é deixar que ela tenha, normalmente, os seus filhotes.

Vision – Macho – 2,5 anos – Grande campeão, Campeão Panamericano e Internacional – Canil Little Crystal – Prop. Diogo Salas Ortiz

Vision – Macho – 2,5 anos – Grande campeão, Campeão Panamericano e Internacional – Canil Little Crystal – Prop. Diogo Salas Ortiz

Capítulo 13

Lactação e desmama

Os cães, como são mamíferos, até certa idade se alimentam somente com o leite produzido pela mãe. Por esse motivo, a sua vida, a sua saúde, o seu desenvolvimento e a sua precocidade dependem da quantidade e da qualidade do leite que ela produz.

13.1 O primeiro leite e o colostro

A cadela já pode amamentar os seus filhotes logo após terminar o parto, pois suas glândulas mamárias já começam a produzir leite. Esse primeiro leite é um pouco mais grosso do que o leite normal porque contém o colostro, em cuja composição entram substâncias ricas em proteínas, sais minerais, vitaminas, anticorpos contra diversas doenças etc. Além disso, o colostro tem um efeito laxativo, que faz os filhotes recém-nascidos evacuarem o mecônio, que é uma substância pastosa e amarela, deixando os seus intestinos livres dessa substância que os manteve "cheios" durante toda a sua vida fetal, mas que deve ser eliminada logo após o nascimento.

A composição do leite da cadela é a seguinte: proteínas, 7,4%; cálcio, 0,45%; fósforo, 0,51% e cinzas, 1,33%, o que o torna muito rico, fazendo com que, em apenas 9 dias, os filhotes dobrem o peso que tinham ao nascer.

13.2 Lactação

Começa com a primeira mamada que os filhotes fazem logo após o nascimento e termina com a desmama, quando a cadela não mais produz leite e eles, portanto, não são mais por ela alimentados. É o período mais importante da vida dos filhotes.

Enquanto os filhotes estão mamando e só se alimentam com o leite materno (antes, portanto, de ingerirem outros alimentos), todas as suas funções orgânicas, exceto respirar, dependem, exclusivamente da cadela, como acontecia quando eles ainda eram fetos, vivendo no seu útero.

13.3 Produção de leite

Com o estímulo do parto, as glândulas mamárias da fêmea entram em atividade e iniciam a produção de leite, para que ela alimente os seus filhotes logo após o nascimento. A quantidade de leite é limitada pela capacidade leiteira da cadela. Naturalmente, outros fatores influem na sua produção; entre eles temos:, a alimentação, condições ambientais, temperatura, estresse, manejo, doenças etc. As cadelas de 1ª cria, em geral, produzem menos leite do que nos partos seguintes.

A composição e a qualidade do leite da cadela também podem variar de acordo com diversos fatores como saúde, estresse, cansaço, alimentação, principalmente antes e durante a sua produção leiteira etc. Por esses motivos é que, durante os períodos de gestação e de lactação, devemos proporcionar à fêmea, uma alimentação adequada, farta, sadia, fresca, saudável, nutritiva, bem equilibrada e cuja quantidade seja suficiente para que ela ingira, em doses satisfatórias, todos os elementos nutritivos necessários para a sua produção leiteira e, também, para compensar o desgaste físico que ela sofreu, causado pela gestação seguida pela lactação. Por isso, devemos dar à cadela, de 3 a 5 refeições ao dia e água limpa, fresca, de preferência potável e à vontade.

13.4 Período de lactação

Embora esse importante período possa variar, as cadelas devem produzir leite para amamentar os seus filhotes, no mínimo, durante 30 a 35 dias. Devemos, por isso, verificar se a cadela, desde a primeira mamada, produz uma quantidade de leite suficiente para alimentar os filhotes.

Quando a mãe é má leiteira ou a sua ninhada é muito numerosa, devemos tomar as providências necessárias, imediatamente, transferindo os filhotes excedentes para outras cadelas ou suplementando a sua alimentação com mamadeiras.

Os próprios filhotes reclamam quando não são bem alimentados e estão com fome, pois ficam "chorando" e "resmungando".

É preciso que não falte, nunca, leite para os filhotes, especialmente nos 3 primeiros dias de vida, porque é nesse período que ele contém o colostro. Devemos, por isso, controlar a produção leiteira da cadela, evitando possíveis prejuízos para o criador quando os filhotes, por não se alimentarem, não se desenvolvem, emagrecem e ficam fracos, chegando a morrer de inanição, quando a mãe não os amamenta e até os enjeita.

O filhote menor ou mais fraco da ninhada deve ser colocado para mamar na cadela, de 2 em 2 horas, para que se alimente melhor e se desenvolva bem, podendo, assim, competir com os seus irmãos maiores.

Mesmo quando a cadela é boa leiteira, sua produção de leite pode baixar, por várias razões, entre as quais: falta de água suficiente para ela beber normalmente, alimentação defeituosa, inadequada ou deficiente em qualidade ou quantidade, ninhada muito numerosa, desmama precoce, falta de higiene, doenças etc.

As cadelas em lactação não devem tomar determinados medicamentos, vermífugos etc., porque eles passam para o seu leite e o contaminam, podendo intoxicar e até matar os filhotes.

13.5 As mamadas

Os filhotes devem ser alimentados, nos seus primeiros dias de vida, de 3 em 3 horas, passando depois, de 4 em 4 horas ou de 5 em 5 horas. Esse esquema significa 40 a 60 mamadas por dia e 1.200 a 1.300 mamadas por mês, exigindo, não há dúvida, um esforço muito grande da cadela para alimentar a sua ninhada, desde o nascimento até a desmama.

13.6 Cuidados durante o período de lactação

Durante esse período, é indispensável que, todos os dias, as mamas e tetas da cadela sejam examinadas, para que seja verificado se elas estão normais, não apresentando nenhum problema, ou para que sejam tratadas quando necessário. Esse exame é importante, porque os filhotes podem arranhá-las ou feri-las com as suas afiadas e numerosas unhas, causando traumatismos, ferimentos, abcessos, infecções, mamites e até a sua perda.

Esses problemas, além de tudo, provocam dores, às vezes muito fortes ou intensas, trazendo grandes sofrimentos para a cadela.

Quando estão com 10 a 15 dias de idade, os filhotes já possuem dentinhos finos e pontiagudos que, não só irritam as tetas, mas, também, as podem ferir, provocando os mesmos problemas que as unhas. Portanto, para amamentar seus filhotes, a cadela pode sentir muitas dores e sofrer bastante, o que, às vezes, a faz evitar que eles mamem e, quando as dores são muito fortes, ela acaba não deixando que eles o façam.

Para diminuir ou evitar esses problemas, devemos cortar as unhas dos filhotes, desde a sua primeira semana de vida, para mantê-las sempre aparadas e bem curtas.

Se as mamas ou tetas começarem a ficar muito vermelhas, devemos aplicar compressas quentes sobre elas e fazer massagens para que desinchem, desinflamem e voltem ao normal, o que alivia e faz passar as dores que a cadela sente e que, muitas vezes são bastante fortes.

13.7 Alimentação suplementar

Quando a ninhada é muito grande ou a cadela produz pouco leite, os filhotes devem receber uma alimentação suplementar, para que fiquem bem alimentados. Para isso, devemos dar-lhes 2, 3 ou mais mamadeiras ao dia, além de mamarem na mãe.

Podemos, também, quando os filhotes estão com 25 dias de idade, ajudar na sua alimentação, dando-lhes 1 gema de ovo crua, para 100 gramas de leite de vaca.

As mamadeiras podem ser preparadas com receitas caseiras ou com leites industrializados, específicos para cada fase do aleitamento do filhote.

13.8 Desmama

A cadela deixa os filhotes mamarem à vontade, normalmente, só até, mais ou menos, 30 dias de idade pois, já na sua 4ª semana de vida, ela passa a controlar as mamadas, diminuindo sua frequência e chegando a evitar, ao máximo, que eles mamem, começando assim, a desmama natural. Os filhotes passam, então, a se interessar por outros alimentos.

Nessa época, devemos começar a oferecer aos filhotes, papinhas industrializadas ou outros alimentos indicados para o período de desmama.

Com mais ou menos 7 semanas de vida, os filhotes ficam independentes, porque não precisam mais da cadela para se alimentarem podendo, portanto, ser desmamados com 45 dias de idade, voltando a cadela à sua dieta normal.

Quando os filhotes são bem alimentados, com 9 dias de idade já atingem o dobro do peso que possuíam ao nascer e, com mais ou menos 3 semanas, seu peso já é 4 vezes maior do que quando nasceram.

Não devemos desmamar todos os filhotes de uma só vez porque, não os tendo para sugar o seu leite, a cadela fica com as mamas cheias, o que pode lhe causar muitas dores, grandes sofrimentos, inflamações, abcessos, mamites etc., além da perda de mamas e de tetas.

Devemos, como rotina, dar um vermífugo aos filhotes, quando eles estiverem com 8 semanas de idade para que eliminem os vermes que os infestam logo depois que nascem, mesmo que não apresentem sintomas de verminose (barriga grande ou esticada e fezes coloridas, magreza etc.).

Quando o filhote desmama, deve receber um prato individual, só para ele, pelos seguintes motivos:

1. ele passa a comer somente no seu prato, o que facilita o treinamento, mais tarde, para não comer comida achada ou oferecida por estranhos;
2. ele fica menos sujeito a contrair doenças transmitidas por alimentos impróprios e até envenenados, propositalmente ou não;
3. não há competição, entre os filhotes, pela comida, como acontece quando todos eles comem em um só prato, ao mesmo tempo, pois os maiores e mais fortes comem, também, a comida dos menores e mais fracos que, se alimentando menos, têm o crescimento, o desenvolvimento e a sua saúde prejudicados;
4. quando são vendidos e vão para suas novas casas, levam o seu prato, o que facilita sua adaptação ao novo ambiente, continuando com boa alimentação.

Quando um filhote fica choramingando, irritado, nervoso e agoniado, isso pode ser um sinal de que ele está com fome ou com dor de barriga (cólica) provocada, em geral, por vermes intestinais.

13.9 Alimentação artificial

Após a desmama, a alimentação dos filhotes pode ser feita com leite de vaca, mingaus, sopas de legumes e arroz com carne crua moída ou picada (1 colher das de chá). A carne pode ser aumentada até 1 xícara, 2 vezes ao dia, quando os filhotes estão com 3 semanas de idade. Eles podem ser alimentados, também, com rações comerciais para filhotes.

Os filhotes desmamados devem receber 4 refeições ao dia, passando depois, a 3. Os cães adultos podem ser alimentados 2 vezes ou somente 1 vez ao dia. As refeições devem ser dadas, de preferência, mornas, no caso de comida caseira. Sua composição deve variar para melhor satisfazer o gosto ou apetite dos cães.

Apesar de poder ser alimentados com "comida caseira", devemos salientar que o melhor para o cãozinho é receber toda a sua alimentação em forma de ração balanceada industrializada (seca), que são as rações vendidas em pet shops e outros estabelecimentos comerciais. Procure sempre a melhor ração, ou seja, a mais adequada à raça, ao peso e à idade do cãozinho. Para os Malteses, devemos procurar rações específicas para esta raça ou rações destinadas a cães de pequeno porte.

Esse tipo de alimentação é ainda mais indicado do que a "comida caseira", desde que seja de uma marca conceituada e que contenha todos os nutrientes necessários para o filhote, nessa fase de seu desenvolvimento.

Os cães podem receber, durante toda a vida, como alimentação, arroz com carne moída ou picada e cenoura ou outro legume, cozidos na água com sal e algum tempero como alho, cebola, salsinha, etc. Devem receber, também, vitaminas e sais minerais.

Os filhotes devem ser alimentados, o que é importante, sempre no mesmo horário e no mesmo prato, colocado sempre no mesmo local e sobre um suporte especial ou mesmo um caixotinho, para que fique elevado e não diretamente sobre o chão.

13.10 Leite no prato

Alimentar os filhotes em mamadeiras é muito fácil, porque basta encostar o bico na boca e eles sentirem o cheiro do leite, para que comecem logo a mamar, como nas tetas da cadela. Quando, porém, os alimentos como leite, mingaus etc. são colocados em pratos ou em comedouros, é necessário ensiná-los a comer e a beber, nesses recipientes. Basta, para isso:

1. colocar o leite ou mingau em um comedouro fundo;
2. pegar uma colher pequena, "sujá-la" no alimento e encostá-la na boca do filhote, porque ele, sentindo o gosto do alimento como o leite, por exemplo, começará logo a lambê-la;
3. colocar o filhote bem junto ao comedouro, molhar novamente, a colher no leite e encostá-la outra vez no seu focinho, pois logo que sentir o cheiro, começa a lambê-la;
4. vamos, então, baixando a colher, até o filhote encostar a boca na superfície do leite porque, logo que isso acontecer, ele passará a lamber e a beber o leite;
5. se o filhote não começar a beber o leite, devemos repetir a operação porque, da segunda vez, ele o fará.

Outro método para ensinar o filhote a beber leite, no comedouro é o seguinte:

1. lavamos as mãos e as enxugamos bem;
2. molhamos um dedo no leite do prato e deixamos o filhote lambê-lo;
3. molhamos outra vez, o dedo no leite e enquanto o filhote o está lambendo, nós o baixamos pois, logo que sentir o cheiro do leite passa a lambê-lo, acostumando-se, assim, a beber ou a comer todo alimento que for colocado no seu prato.

IMPRESSÃO E ACABAMENTO:
YANGRAF Fone/Fax: *2095-7722*
www.yangraf.com.br